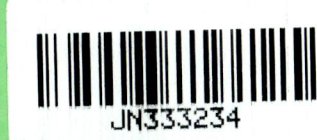

私のガーデンスタイル

神奈川の素敵な庭巡り

My
Garden
Style

神奈川新聞社

私のガーデンスタイル　神奈川の素敵な庭巡り

目次　CONTENTS

撮影　＊渡辺和宏　＊大社優子

本書は神奈川新聞で2006年4月～2007年3月にわたって連載された記事に、加筆、修正したものです。
紹介した庭は、本文中に明記した場合をのぞき、一般公開していません。

種が時空を超え育つ

遠藤　昭さん（横浜市青葉区）

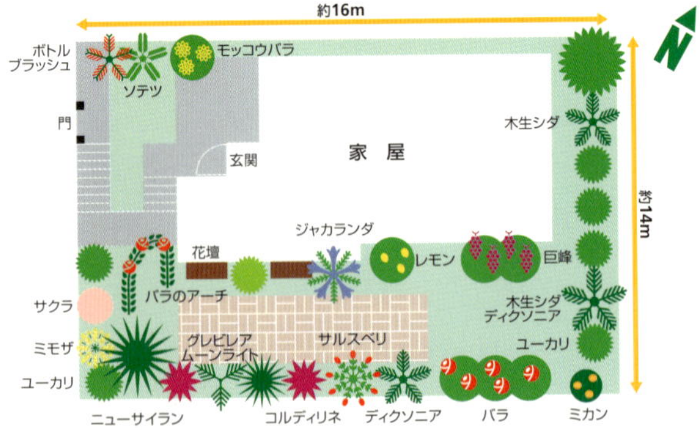

春先の強風でユーカリの枝が大きくしなり、庭の奥で深緑の木生シダがざわざわと揺れている。「ユーカリは種、シダは胞子から育てたんですよ」。庭主の遠藤昭さんは、近年人気上昇中のオージープランツ（オーストラリアの植物）をすでに10年前から愛好する達人。しかも驚くことに、ほとんどを種や苗から育て上げている。

印象的なのがリーフプランツ（葉を楽しむ植物）の豊富さだ。一般には脇役に使われがちだが、ここでは主役級。とくにニューサイランなど剣状の葉のシャープさや、木生シダの存在感が目を惹く。庭に立体感やメリハリをつけるのにも、これらの個性は欠かせない。

遠藤さんは5年間、仕事でメルボルンに駐在。その間、オーストラリアの人々の優しさやライフスタイルに魅了された。帰国後、オージープランツの種を海外通販で買えると知り、かの地の思い出を庭で再現しようと思い立つ。ちなみに当時は園芸初心者。

早速ユーカリの種を購入したが、発芽のさせ方がわからない。インターネットで調べると、自然界では山火事が発芽の契機になるという。半信半疑で「フライパンで炒ったり熱湯をかけたり」したところ、本当に発芽。翌年は木生シダの「カレー粉みたいな」胞子の発芽にも成功した。

「南半球の種や胞子が、時空を超えた日本で育つ神秘！　一気にのめり込みました（笑）」。そして5年後、このユーカリが開花したことが決定打となった。今や庭の植物は約200種、約半数がオージープランツだ。毎朝出勤前は庭の手入れとホームページの更新。オーストラリアの園芸サイトに毎月レポートを寄せ、豪大使館のガーデンづくりにも協力した。

「ガーデニングは、人の感性と植物とで未来を創ることなんです」。何事にもとことん真剣に遊ぶ遠藤さん。その生き方が、豊かな未来を生み出している。

植物の高低や大きさ、形や色で、リズム感やハーモニーを演出。地面に濃淡のあるオーストラリアレンガを不規則に並べ、動きを出している　1 パンパスグラスで迫力を出す10月　2 カシワバアジサイが咲き誇る6月

遠藤さんの庭で育つオージープランツの一部

バンクシア

グレヴィレア・ムーンライト

ピメレア

秋に咲く愛らしいユーカリの花

遠藤さんのblog「男庭日記」　http://blog.livedoor.jp/alexgarden

my Style

コンテナを活用しよう！

遠藤さんは一種一鉢のコンテナ（鉢やプランターなどの栽培容器）を活用。メリットは、①冬は屋内に入れるなど、移動によって気候や日照に対応できる。②その植物に最適な用土や水、肥料を与えられる。③庭全体のレイアウトや植物の組み合わせを自在に変えられる。④地植えだと大きくなりがちな植物の成長をコントロールできる、など。オージープランツが日本で元気に育つカギがコンテナなのだ。

春のチューリップも、秋のパープルマジェスティも寄せ鉢でデザイン

人と暮らしに開かれた庭

篠田鉄男さん・未香さん（鎌倉市）

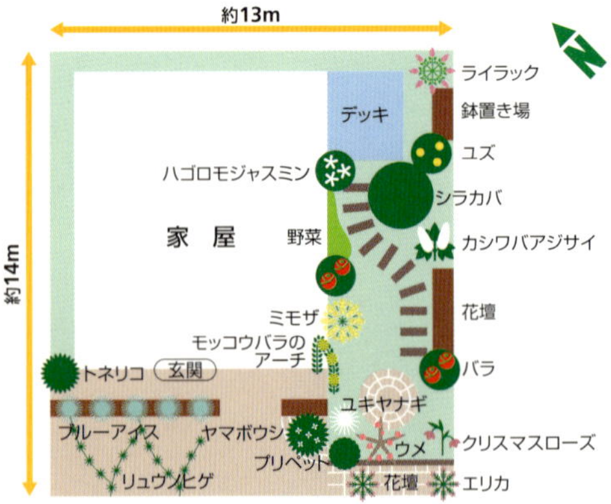

丘陵地の住宅街。ゆるい勾配のある道路に立つと、目線はちょうど庭の高さ。奥までよく見渡せる。「通りからどう見えるかをいつも考えています。見てもらえると励みになるし、うれしいですから」と庭主の篠田未香さん。

7年前、結婚祝の寄せ植えを枯らしたのが残念で、独学でガーデニングを始めた。4年前に新築した現在の家では、道路側を人に見せる庭、奥を家族のための庭と分け、開放的な庭づくりを夫の鉄男さんと二人三脚で楽しんでいる。今では、篠田家の庭を見ようとこの道を散歩コースにしている方々もいるそうだ。それもあって道路脇の花壇では「ちょっと珍しい草花」を季節ごとにこまめに植え替える。だが、残りの場所は「世話が楽で、暑さ寒さに強い」ごく普通の植物がほとんど。多くは宿根草で、手入れはシーズンに1回まとめて行うだけ。子どもがまだ小さいため、庭に手がかからないよう考えた結果だ。普段は水と肥料やり程度という。

それなのに庭にはイギリスの田園の雰囲気が漂い、どの一角もおしゃれ。植物の選択や庭の構成もさることながら、小物に秘密がある。例えば、木箱、籐カゴ、ブリキのバケツ、空き缶などをコンテナとして利用。朽ちたり錆びたりして自然と同化する素材で統一し、自分で加工や手作りも行う。参考にするのはインテリア関係の洋書。部屋の写真にちょっぴり写り込んだ庭からイメージを膨らませる。

奥のスペースはウッドデッキを中心にしたキッチンガーデン。野菜や果物、ハーブがやはりセンスよく植えられ、料理などを通して1年中生活と有機的に結びついている。キッチンで忙しく夕食の支度をする合間や、外出から疲れて帰ってきた際、ふと庭に目をやるととたんに心が和らぐ。「その一瞬のために庭づくりをやっているのかもしれませんね」。暮らしに開かれた庭は、人生に上質の愉しみを与えてくれる。

1 通りからの眺め。シンボルツリーのミモザ、白い木箱にぎっしりポットを並べたビオラが目を惹く。円形のレンガテラスは、試行錯誤しながら夫婦で敷いたもの　2 5月初めには、黄モッコウバラが咲いてロマンチックな雰囲気

1.奥のデッキが家族のコーナー　2.台にしているのはコーヒー豆の樽。鳥かごは底を外し、ブラッククローバーなどを植えた鉢の上からすっぽりかぶせた　3.鉢の並べ方も高さをつけて、おしゃれに工夫
4.家の前から。ブルーアイス（左）とヤマボウシがのびのびと育つ　5.野菜コーナー。春はナノハナ

my Style

身近な素材でおしゃれな小物

篠田さんは身近な材料でおしゃれな小物を作る達人。写真左の靴下（A）は、園芸用の麻テープで作った屋外用のクリスマス飾り。ペイントした麻テープに不織布を裏張りして土を入れ、多肉植物を植え込んだ。百円ショップも素材の宝庫。篠カゴは内側に厚いポリ袋を合わせ、縁を麻テープではさんでハーブなどを植える（B）。枝でできたすだれは分解して支柱に（C）。また、タマゴの殻にハイドロボールを入れ、カイワレ大根などの種をまいて水栽培も（P.8の写真）。

A

B

C

取り交わす「気」

飯田瑛子さん（横浜市都筑区）

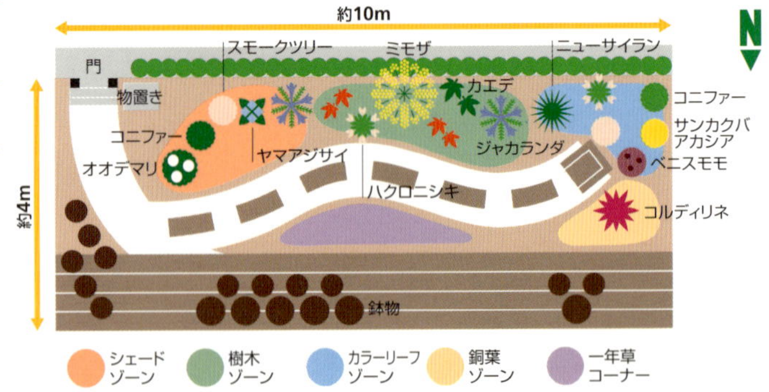

ピー、ツツピー。２羽のシジュウカラが慣れた様子で餌台に近づいてくる。住宅が立ち並ぶ港北ニュータウンの一画。マンション1階の専用庭だが、数百株もの植物の中に立つと、とてもそうは思えない。

「お小遣いで苗を買っては育てていた子どもでした（笑）。伯母宅の庭が大好きで、もう55年も前ですが、どこに何が植えてあったか今でも鮮明に覚えています」。

そんな飯田瑛子さんだが、結婚して転勤族になってからは、もっぱらコンテナ植えを楽しんできた。それが年々増えて800鉢近くに。2年前、ご主人の定年を機に現在のマンションに入居し、約500鉢をとりあえず庭に持ち込んだ。

しばらくはそのままだったが、部屋からの眺めを良くしたくて、2度に分けて庭を改造。全部で40袋ほどの土を入れ、土質を改善するとともに高低差を設けた。その上でミモザやモミジなどメインとなる樹木や宿根草を地植えに。

こだわっているのは色。色調ごとにゾーン分けされた庭は、見る方向によって表情が変わる。メリハリがつき全体が絵画的にまとまる上、広く見える効果も。お気に入りは明るい黄緑色と、銅葉と呼ばれる赤黒い葉色だ。銅葉ゾーンには琥珀《こはく》色のヒューケラ、剣のようなコルディリネ、繊細な姿のモミジなどがある。

飯田さんが、庭でもっとも好きな植物はギボウシ（ホスタ）。「寒い時期に堅い芽が出て、数日でぐぐっと葉が現れる。強い生命力を感じます。植物と向き合っていると、気をもらって生き生きしてきます。同時に、こちらからも気を与えていると思うんです」。庭と人が元気をやり取りして、さらに元気になる。生きものを慈しむ深い思いが生み出す関係である。

1.マンションの専用庭とは思えない奥行き感。それを演出するのは小道や高低差、そして色合いごとの区分けだ。右手前にブルー系、その奥が銅葉、小道をはさんで黄緑からクリーム色のゾーン（4）へ変化する　2.大ぶりの葉にクリーム色の縁取りが美しいギボウシ。手前のピンクはシキミアの花。冬は赤い実をつける　3.ウッドチェアをフォーカルポイントにして、アクセントをつけている

斑入りの葉で明るく

庭を明るく演出するのは花だけに限らない。飯田さんが活用するのは斑入りの葉だ。ギボウシはもちろん、ヤブコウジやリュウノヒゲなども斑入り品種を植えている。これら背丈の低い斑入り葉が地表近くを明るくしてくれるため、庭全体の雰囲気も明るく変わる。とくにシェードガーデン（日陰の庭）におすすめの手法だ。他に葉が黄緑色の草木や、新芽に白い斑の入るハクロニシキなども有効。

斑入りのヤブコウジ（上）、銅葉が美しいヒューケラ（下）

コリウスやパープルファウンテングラスなど、シックな装いの秋の紅葉

花咲く庭を公開

倉重りょう子さん（横浜市青葉区）

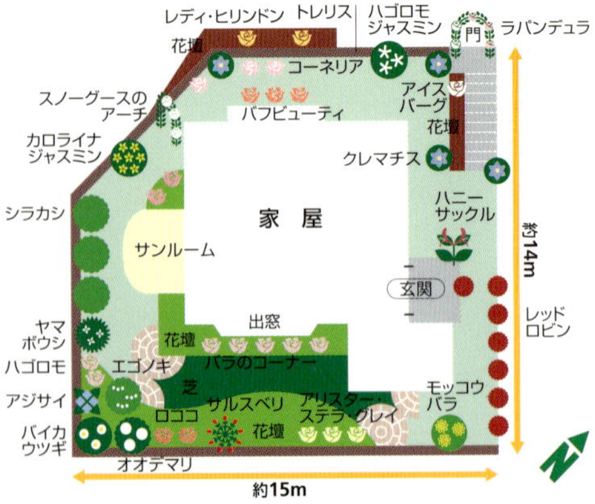

—オープンガーデンを開催しています。チャイムを押してお気軽にお入りください—

そんなメッセージが貼られた門をくぐると、チューリップをはじめ、可憐な春の草花が花壇からあふれんばかりだった。「オープンガーデンを始めて4年目です。チューリップの時期は約1週間、バラの時期は10日ほど公開しています」と庭主の倉重りょう子さん。個人の庭をチャリティとして一般公開するオープンガーデンは、庭園文化のさかんなイギリスが発祥地。日本、とくに首都圏ではまだ珍しい。

16年間アートフラワー講師を務めた倉重さんは花が大好き。マンションから現在の一戸建てに移ったのを機に念願のガーデニングを始めることにしたが、「どうせなら、まずきちんと勉強してからにしようと、日本園芸協会の通信教育や、プロ主宰のガーデニング講座を受講しました」。

庭は三方を隣家に囲まれ風通しが悪く、日が当たるのは正午前後の4時間程度。夏に根が腐ってしまう宿根草もあるほどだ。「この悪条件を克服するには土がカギ」。そう考えた倉重さんが、1年間みっちり基礎知識を身につけた後、まず行ったのが庭の土替えだった。

現在も、微生物の分解能力を利用したＥＭ菌使用の有機肥料などで、常に土を手入れする。「日照の悪い場所では植物は太陽を求めひょろひょろ曲がってしまう。でも適切な肥料を与えれば、元気に育ちます。植物は手をかけたらかけただけ、応えてくれるんです」。庭には年間約250種の植物があり、常時20～30種が開花。とくにバラが好きで約40種を育てる他、地域でバラを育成するボランティア活動にも参加する。

美しいのに咲く期間は短いのが花。だからこそたくさんの人に見てほしいと始めたオープンガーデン。庭の花々はその生命力を来訪者たちに分け与え、より生き生きと輝いているようだ。

フェンスを背に植物が順次低くなるよう配置した、ボーダーガーデンと呼ばれるスタイル。花壇のＳ字型が庭に広がりを演出する

1

2

3

4

5

6

7

8

9

1.4月の花壇は、チューリップが主役。花の中央に緑が入ったシックな"スプリンググリーン"（2）など10種ほどが植えられている　3.グランドカバーに使うラミウム　4.バフビューティー　5.バレリーナ　6.ピエール・ド・ロンサール　7・8.5月の花壇。背の高いデルフィニウムやジギタリス、フェンスのつるバラでがらりと雰囲気が変わる　9.倉重さんが大好きなバラ、エブリン

my Style

植え込み量は季節で調節

葉や花で地面が見えないくらいのほうが庭はきれいに見える。しかし、ぎゅうぎゅうに植え込むと、植物は弱ってしまいがち。そこで倉重さんは肥料の助けを借りるとともに、時期によって庭の植物の数を増減。気候のよい春にはぎっしり植えていても、梅雨に入れば間引きしたりコンテナに移すなどして数を減らし、植物同士の間隔を広げている。

（左から）出窓を彩るピエール・ド・ロンサールとエブリン。道路際の塀に這わせたレディヒリンドン、その上にはコーネリア。庭のフェンスにはロココ。5月の庭はバラがいっぱい

毎年4月～5月の一定期間、オープンガーデンを開催している。要予約。見学者には、地域の公園にバラを育成するための寄付をお願いしている。事前に予約すればケーキセット（600円）も。TEL 045-902-5290
倉重さんのHP　http://home.catv.ne.jp/dd/mirei

夏涼しく、冬暖かく

岩田隆さん・悦子さん（逗子市）

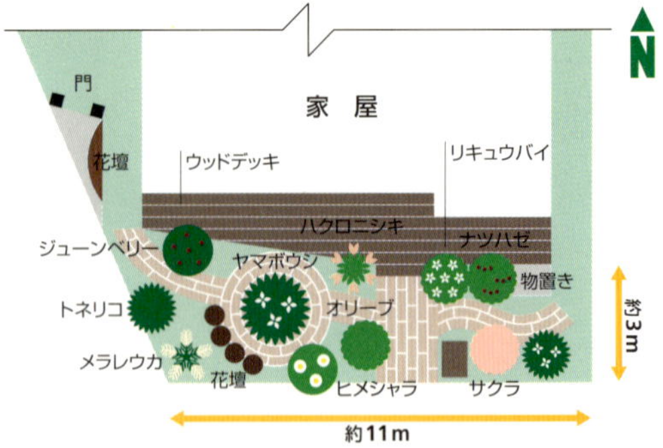

5月初めというのに真夏並みだった暑さが、庭に入ったとたんにスーッと消えた。木々の間を涼しい風が通り抜ける。県道やJRの線路に隣接するとは思えない。

岩田隆さん、悦子さん夫妻がこの庭をつくり始めたのは6年前。家の改築に伴い、庭を更地にしたのがきっかけだ。来客用の駐車場にする案も出たが、エコロジー派の2人が考えたのは「家で酸素を作ろう！」。

「少しでも環境に貢献でき、かつ居心地のよい、林のような空間にしたかったんです」と悦子さん。

まず植えたのは落葉樹のヤマボウシとリキュウバイ、常緑樹のオリーブの3本。庭を通る強風に負けない木を、と植木市で業者に教えてもらった。翌年は夫婦でレンガを敷き、他の木々や草花を植え込んだ。家屋の近くに落葉樹、離れた部分に常緑樹を配置したのは、夏は涼しく冬は暖かい、エアコンいらずの家にするためだ。

現在、庭の樹木は20種以上、草花は40〜50種。車2台分ほどの面積ながらその効果は相当のもので、室内は真夏でも28〜29度。冬は2階よりも1階が暖かく、早朝でも17〜18度は下らない。リビングだけにはエアコンがあるが、夏も冬もめったに使わないそうだ。

庭がもたらしたものは他にもある。「この庭をつくってから、先の季節の楽しみを感じることができるようになりました。冬に葉が落ちるともう春が待ち遠しいし、暑い夏には秋の花が思い浮かびます。春先の芽吹き始める季節は、毎日うきうきしますね」。ジューンベリーやブドウ、サクランボ、ナツハゼなど、実のなる木が多いのも特徴で、生で食べたりジャムにしたりと、3人の娘たちとともに大いに楽しんでいる。

車ではなく自転車を利用し、駐車場ではなく木の茂る庭をつくる。暮らし方を少し変えただけで、岩田家の日常は、快適で心豊かなものになった。こんな変化の積み重ねが、地球レベルの大きな環境も変えてゆくのかもしれない。

1.ウッドデッキへの階段脇にはハクロニシキ。新芽が美しい
2.中央に立つ、庭のシンボルツリーはヤマボウシ

1.外から見ると茂った緑の中に家が包まれているよう　2.樹木の下にはクリスマスローズ（手前）やシランなど、日陰に強い宿根草が茂る　3.花の苗は娘たちと植え替える。家族で作業するのも楽しい

my Style

気をつけよう、落ち葉の処理

庭に木を植える際は近所への配慮も大切。岩田さんの庭では内側に落葉樹、周りに常緑樹を植えているのがポイント。そもそもは夏は涼しく冬は暖かい室内にするための配置だが、秋の落ち葉を常緑樹がガードし、近所に落ち葉が散乱するのを防ぐ結果となった。広がった枝葉が通行人の迷惑にならないよう、県道に面した場所にはコニファーなど、常緑樹で背が高くならず、枝が張り出さないタイプの木を植えている。

白い花から赤い実へと変化も楽しいジューンベリー。6月には実を摘んでジャムやケーキづくりを楽しむ

●ジューンベリーのジャム

完熟したジューンベリーの実を鍋に入れ、水少々、実にからめる程度の砂糖を加え、煮詰める。出来上がったら瓶詰めにして保存する。

●ジューンベリーのパウンドケーキ

（10×20センチパウンド型）

薄力粉 130g、卵 2個、バター 100g
粗製糖（白砂糖でも可）80 g
ジューンベリージャム 200g

バターは室温に戻し、白っぽくなるまで混ぜる。砂糖を入れ混ぜ、卵（全卵）を入れよく混ぜる。粉を入れてさっくり混ぜ合わせたら、ジャムを入れ混ぜる。型に流し、170℃～180℃のオーブンで30分焼く。

馥郁たるバラの苑

安藤紀子さん（川崎市）

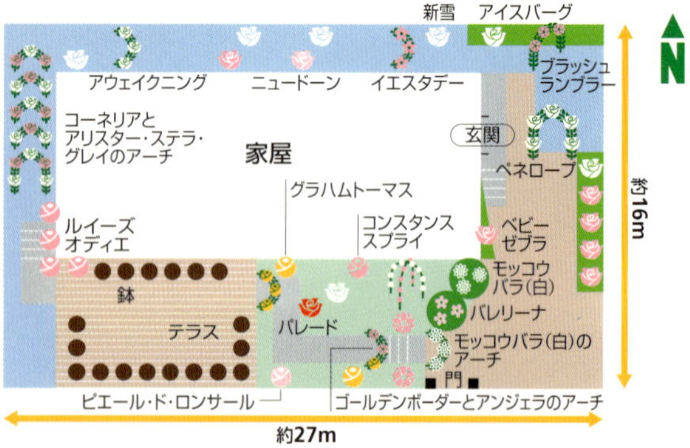

「どうぞお入りになってください」。庭主の安藤紀子さんに促され、アーチをくぐる。甘い芳香にふわりと包まれ、バラの苑が開けた。洋風の大きな窓のある外壁に優しい色合いのバラが伝い、その先のテラスには150鉢ほどの鉢植えバラ。5連のアーチからなるトンネルを抜け、北側へ回ると白バラのシェードガーデン。家をぐるりと一周し、つるバラがフェンスに這う玄関に戻る。約170種、330株もの華やかさに圧倒される。馥郁たるバラの世界への小旅行といった趣だ。

おっとりした深窓の令夫人に見える安藤さんだが、かつては何社ものソフトウエア関連企業を経営する事業家だった。5年前、ビジネスに達成感を覚え、家族を大切に過ごそうとセミリタイア。家を新築し「何か新しいことに挑戦したい」と思っていた折、バラに出合った。

たちまち魅了され、日々カタログを取り寄せ、園芸書を読み漁った。専門家のバラ教室にいくつも通い、次々と苗を購入。種類や樹性が多様で奥深い点や、手をかけただけ結果が出る点が面白く、「のめり込んで歯止めがききませんでした(笑)」。現在も同品種を複数株入手し、条件の違う場所に植えたり、地植えと鉢植えにしたり、異なる肥料や薬剤を与えるなど、比較・検討し研究を重ねる。

植える際に最優先するのは樹性。壁に這わす、横に広げる等のプランを決めたら、それに適した樹性を調べ、品種を決定。性質を生かすことで、「バラ畑」でなく「バラのある森」のような自然な雰囲気を醸し出す。また、まちの風景の一部としてバラを育てるという考えのもと、道行く人が楽しめる配慮もしている。

「うちの北側は何をしてもカチカチのひどい土で、宿根草が枯れるほどですが、バラだけは生き残るんです。バラって意外に丈夫なんですよ」。たおやかでありながら、堅固な力強さもある。バラはどこか安藤さんに重なって思えた。

1.バラの苑への入口は、ゴールデンボーダーとアンジェラのアーチ　2.噴水のあるコーナー　3.アンブリッジローズ　4.晩春の入口アーチは白モッコウバラ

（前頁）南側のテラスは鉢植えのバラが取り囲む。毎朝ハチミツ入りの紅茶とクッキーを手に、庭に出るのが安藤さんの日課

安藤さんのHP　http://felicia-nonno.main.jp/

1.左手前はパレード、奥のアーチはアンジェラ、右手前はダイアナ・プリンセス・オブ・ウェールズ　2.グラハム・トーマス　3.セリーヌフォレスティエ　4.玄関周りもバラで埋まる　5.ルイーズ・オディエ　6.パット・オースチン　7.エフ・ジェイ・グルーテンドルスト

コンパニオンプランツの選び方

安藤さんはバラの下草(コンパニオンプランツ)として、野原や森にあるような草花を植えている。バラ以外の植物と合わせることでバラは引き立ち、ナチュラルな雰囲気に。たとえば5月にはジギタリス、オダマキ、ミヤコワスレ、デルフィニウム、ゲラニウム、ビオラ、アジュガなど。一般的な春の草花はバラより開花時期が早いので、遅めのものを選び、開花時期をバラと重ねるのがコツ。また淡色のバラが中心なので、下草の花はそれに合うブルー系で統一している。

緑色の奥深さ

大堀輝美さん（横浜市神奈川区）

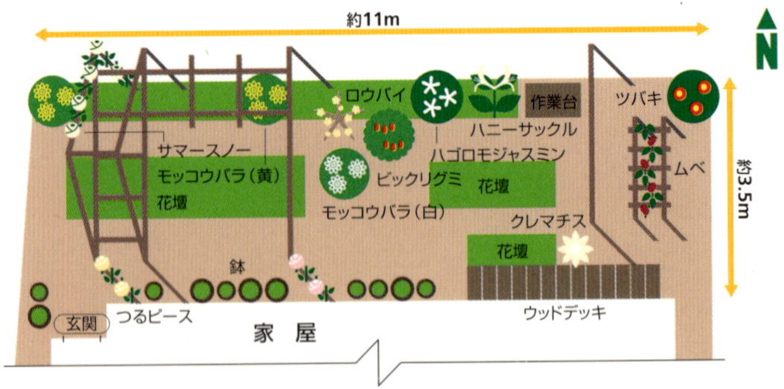

「1人で管理するにはちょうどいいと考えれば、この狭さも楽しくなります」と大堀輝美さん。庭は駐車場プラスアルファほどの面積だが、つる性植物や吊り鉢で空中をダイナミックに活用している。

意識しているのは、立体感と視線の流れ。何種類ものバラを壁やパーゴラ（つる性植物のための洋風棚）に高く這わせ、庭のメインに。そして地表部分にハーブなどで「植物の帯」を3本作り、視線を奥へと誘導。それぞれの帯は草花の形や色、高さでリズム感を出す。オキザリスのハート型の葉や、グリーンネックレスの粒状に垂れ下がる様など、葉の質感や色合いによる強弱が特徴的。

植物と本格的にかかわったのは、子育てが一段落した40歳から。フラワーデザインスクールに通い、フラワー装飾の会社に就職。ホテルのイベントやガーデンウエディングなど大きな仕事を15年間手がけたものの、膝を痛めてやむなく退職。それを機に、今度は家族に花を見せようと庭をリニューアルし、1年目にしてコンテストで見事入賞する。「ところが大病にかかってしまい、庭どころじゃなくなったんです。気分は沈むし、手術の後遺症で腕も動かしにくくなるし…」。そんな折、ある雑誌から庭の取材を申し込まれた。「『1カ月待ってください！』と、枯れ果てた庭をあわてて手入れし始めました。目標があったから頑張れたのですね。リハビリ体操をしなくても、腕はいつしか動くようになっていました」。

以来、植物に励まされるように、元気を取り戻していった。現在は、ボランティアで横浜・山手の洋館に花を飾ったり、フラワーデザインのサークルを自宅で開いたりと、自分のペースで楽しんでいる。サークル名は「シュール・ラ・コリン（丘の上）」。あふれんばかりのさまざまな緑が、住む人や訪れる人を元気づけてくれる、丘の上の庭である。

1.形、濃淡さまざまな緑が重なる。黄色のつるバラ"つるピース"は実家から移植した思い出の花（5） 2.三角屋根がついた大型パーゴラは自身で設計。ゲートの役割もある　3.庭の奥には小さなウッドデッキ。白いクレマチスが咲き誇る　4.ロウバイの実

1.「植物の帯」の中央にはハーブ類　2.隣家との間には白い木壁とトレリス。白ペンキで塗った車輪がアクセントになり、ハニーサックルやハゴロモジャスミンが這い伝う　3.アイアン細工による看板「Sur la Colline」フランス語で「丘の上」

my Style

オーナメントで遊ぶ

「植物の帯」のアクセントとして、大堀さんは草花の形や色などのほか、ガーデン用オーナメントも利用する。同居している小学生の孫と一緒にガーデニングを楽しむことも多いので、遊び心や童心が感じられるデザインのものを選んでいる。ただし色を抑えたり、同じ形のものを複数置いたりすることで、大人らしい節度を保っているのがポイント。あまり堅苦しくならず、逆に幼稚にもならないバランスが絶妙だ。

1.水道栓の壁には、1989年の横浜博覧会で求めておいた絵タイルをあしらった　**2**.春には黄モッコウバラが滝のように垂れ下がる　**3**.小さなパーゴラには、ムベを這わせる。ハート型の苔リースは、「植物の帯」が視線を導く最終地点

バラがくれた力

宮本千鶴子さん（平塚市）

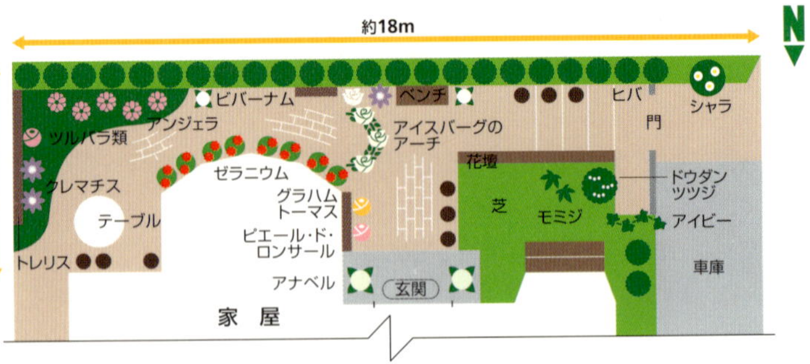

出迎えてくれたのは白とピンクのつるバラ。ゼラニウムの花壇を横目に奥へ入ると、そこにも数十種のバラ。柔らかな姿と四季咲きが特徴の、イングリッシュローズと呼ばれるタイプが中心だ。化学農薬や化学肥料を使わず、天然素材の忌避剤で手入れしている。

「少々虫がついてもいいやと気楽に育てています」。そう話す宮本千鶴子さんは、もとは園芸への関心はそれほど高くなかった。ハーブガーデンをつくろうとしたがよく分からず、職人さんに「お任せ」で植えてもらったほどだ。ところが突然の大病で入退院を繰り返し、やっと帰宅したときのこと。庭に入った瞬間、「植物の命や美しさが胸に迫り、生きていることのありがたさを実感したのです」。

以来、花の魅力に目覚め、園芸書『バラの園を夢見て』（梶みゆき著）をぼろぼろになるまで読み込んだ。8年ほど前、「わたしもやってみよう、下手でも楽しければいいじゃない」とバラを育て始めた。化学農薬を使わないのはこの本の影響もある。

一方、同居する息子一家は「長続きしないだろう」と内心思っていたそうだ。というのは宮本さん、さまざまな趣味に手を出すが、趣味そのものより仲間との付き合いを楽しむタイプで、誰かと一緒でないと行動できなかったからだ。ところが、バラ園ツアーに1人で参加したり、天然薬剤などの資料を集めて熱心にファイリングしたりと、バラに関しては驚くほど主体的に。その変身ぶりに家族も考えを改めた。

毎朝、まずカーテンを開けて庭を眺める。昨日までのつぼみが開いたのを見つけると、この上なくうれしい。植物の命と美しさに心が震えたあの瞬間は、今も宮本さんの中で鮮明に生き続けている。

1·2.玄関前のアプローチ。バラの鉢が並ぶ。庭へのアーチにはアイスバーグ、その脇のフェンスにはピエール・ド・ロンサール、グラハム・トーマスを絡ませている　**3.**テーブルとチェアのある奥の庭。フェンス際からアンジェラが茂る　**4.**窓越しに庭を眺めるのも楽しい

1.ローブリッターなどピンク系のバラと、ゼラニウムが窓際の小道を埋める。前方にアイスバーグのアーチ　2.バラより一足早く、クレマチス"H・F・ヤング"が満開に。全体がすっきりまとまるよう、バラ以外の植物は種類を抑える。とくに白い小花がたくさん集まって咲く、ビバーナムや西洋アジサイ"アナベル"がお気に入り　3.グラハム・トーマス

レイズドベッドの花壇

窓の下では腰高の花壇にゼラニウムがあふれんばかりに咲く。仏・プロバンス地方で宿泊したホテルの花壇を倣って作ったのだとか。ゼラニウムと窓辺との取り合わせがいかにもヨーロッパ的。このように土の位置を高くした花壇を、一般にレイズドベッドと呼ぶ。水はけがよく、ボリューム感が出るほか、腰への負担が軽い。また高さがあるので、ツルニチニチソウのような枝垂れる植物も植え込むことができる。

リビングの窓は縦長に4つ。庭に向かって円形にせり出すような形

末永く楽しむために

鷲澤孝美さん（鎌倉市）

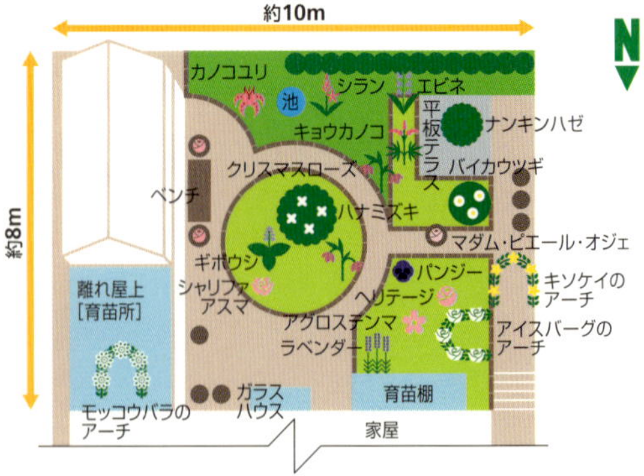

園芸研究家、グリーンアドバイザーとして活躍する鷲澤孝美さんは、’05年の暮れ、自宅の庭を大きく変えた。88歳の母のために離れを増築。これに伴い「自分の好きな植物を1人で育てて楽しめる、（手入れのしやすい）ローメンテナンスの庭」にした。芝生をやめてレンガテラスにし、育苗数を数百株減らすなど植物の全体量も縮小。「いわば老後の庭。あと10年は庭を楽しもうと思って」と笑う。自分にもやがて訪れる、人生の円熟期を考慮してのリニューアルだった。

植物の魅力は前へ前へと導いてくれることだと鷲澤さん。「1粒の種から芽が出て育っていく。明日はどうなるのだろうと毎日驚きや好奇心でいっぱい。そして一番花が咲いたときの感激といったら！　たとえ枯れてもやるべきことがあり、植物に関する作業はつねに前向きなんです」。

増築で育苗スペースがなくなったが、「種を育てる楽しみは、どうしてもやめられなくて…」と、離れの屋上を防水処理し、育苗場に改造。庭の面積が減って植えられなくなった、小型トラック1台分の植物は県西にあるホスピスに移植した。鷲澤さんはそのホスピスのガーデナーでもある。園芸療法の研修会で知り合った造園業者ら4人のチームで2千坪の庭の管理を、ボランティアメンバーと一緒に引き受ける。あるとき、1人の入所者の希望で、ペチュニアの寄せ植えを一緒に作った。「2週間後に訪れると、ちょうどその方の出棺でした。切ないですね。残された時間を少しでも癒やされて過ごしてほしい。そのお手伝いができればと思っています」。

子育てが一段落した40代で、植物にかかわる仕事をしたいと一念発起。さまざまな資格を取り、多くの媒体に投書を重ねてチャンスをつかんだ。現在までに園芸書を5冊手掛けている。今後はあまり手を広げず、ホスピスや地域でボランティア活動をしながら、自宅の庭を無理なく楽しみたいそうだ。とはいえ、オープンガーデンにも挑戦したいし、それから…と、やりたいことは山積み。これまでもそしてこれからも、植物の力に引かれて歩を進める。

30年来庭に〝君臨〟するハナミズキを、中央に生かした円形花壇。周りはレンガテラスにした

1.庭への入口アーチには直径30センチほどのロベリアのハンギング、花壇にはアグロステンマなどの草花
2.小道は、土とモルタルを用い三和土《たたき》工法で作った。見た目や感触は土に似るが、雨でもぬかるまないので手入れが楽
3.池を埋め立てて生まれた一角
4.フレンチラベンダー、ジニア"プロフュージョン"、エリゲロンなどを植え込んだ花車
5.メダカを入れた水鉢のある和風コーナー
6.レンガテラスに敷いたのは以前の庭にあったレンガや、常滑焼きの窯だった耐火レンガ、陶板、電気の絶縁器具である碍子《がいし》など

my Style

白色の効果　植物の種類が多いと庭が散漫な印象になりがち。そこで鷲澤さんは、大きな面積を占める植物は花が白いものと決めている。他のどんな花色と組み合わせてもまとまるからだ。アグロステンマは、ヨーロッパでは麦畑に生える雑草。30年ほど前、ドイツに住んでいた妹さんが種を送ってくれ、鷲澤家の定番となった。また、庭のぼんやりした部分には、はっきりした色の花を鉢植えなどで置くと、差し色となって雰囲気が引き締まる。

白の他にピンクや赤の花色があるアグロステンマ（別名ムギセンノウ）

バイカウツギ

ころんとしたカップ咲きがかわいい
マダム・ピエール・オジェ

離れの屋上に作った育苗場

冒険心くすぐる緑

双《なみ》木《き》一代さん（横浜市戸塚区）

家の東側に沿って、細長い庭が門から見える。シャラやオリーブ、ヤマモミジなどの木漏れ日の下、アーチが2本。枕木を敷いた小道が奥へと誘う。途中に低い柵があり、その向こうは木の陰でよく見えない。だが、まだ小道は続き、草木はやはり涼しげに葉を揺らしている。この先はどうなっているんだろう、ちょっと覗いてみたいなあ。思わず首をかしげて目を凝らす。

「フフフ、そうなんです。奥に何があるのかなと思わせる、秘密めいた庭にしたかったんです」と双木一代さん。冒険気分で奥へ進む。突き当たったところで、ふと右を見るとそこには…。広々したウッドデッキ、頭上に張られた麻布のサンシェード。一気に開けた視界を、緑風が通り抜けた。

庭のあちこちには寄せ植えが置かれ、アクセントとして、また季節の先取りとして目を楽しませてくれる。どのコンテナも個性とセンスが光っているのは、双木さんがグリーンアドバイザーの資格を持ち、寄せ植えの講師もしているからだ。

庭も11年前、自分でデザインしてリニューアルしたもの。だが構成は、あまりに厳密には考えなかったそうだ。「野原や雑木林では、いろいろな植物が互いに絡み合っているでしょう。そんな自然な雰囲気を、庭という限られた空間で作りたかったので」。花は少なく、樹木や葉物が大半。野鳥や近所の猫も常連だ。

数十年前、新婚旅行先の北海道で鉢植えのスズランを買い、マンションの専用庭に植えたのが植物を育てた始まり。当時は店で売られている「きれいな花」しか知らなかったが、今や宿根草や山野草、樹木がお気に入りだ。「こういった地植えの植物を使って何か面白いことができないか、今、考えているんです」。

次に起こるのは？　この先にあるのは？　双木さんの庭は、おとぎ話の森のようだ。そこには、人をワクワクさせる驚きが待っている。

1 東側の左奥には、赤いベンチを置いたレンガ敷きのコーナー 2 南には2.5×7mほどのウッドデッキ。サンシェードは麻布に麻紐をカーテンクリップで留めただけの手作りだが、直射日光を遮り涼しげな雰囲気

1

2

1 幹にアイビーが絡まり、森の中のよう　2 枕木の小道。平石積みして区切った花壇には、コクリュウやアカンサス　3 手前アーチにはバラ〝カクテル〟、奥のアーチには〝アンジェラ〟。奥のアーチは手前のものより幅を狭くし、遠近感を強調　4 小鳥の巣箱に見えるのはインターホン。木の温もりで機械を覆い、ナチュラルなテイストに　5 空の植木鉢でおしゃれに空間演出　6 プリムラを飾る専用棚「プリムラシアター」に、植木鉢を〝見せて収納〟

小さな生態系をつくる

涼しさを演出するなら水がいちばん。設置や手入れが大変そうだが、双木さんは水を張った大鉢で簡易に楽しんでいる。ギボウシや斑入りドクダミなどの植物を植え込んだ大きな苔玉を沈め、水面にはスイレン科のコウホネが浮かぶ。メダカも何匹か住まわせている。鉢の中で小さな生態系が出来上がっているため、手入れは蒸発する分の水を時折補充するだけだとか。作って4年ほどになるが、植物もメダカもいたって元気だ。

玄関周りもナチュラルな雰囲気

車止めには多肉植物が。下は、アクセントとして置かれている寄せ植え

駐車場脇もススキ、エゴノキなど緑でいっぱい

ジニア“プロフュージョン”、アメリカンブルー、ブルーサルビア

カラジウム、サルビア・ガラニティカ（メドウセージ）、オレガノ“ヘレンハウゼン”

カラミンサ、ビンカ（日々草）、イポメア、ストロベリーキャンドル、カラジウム

何事も自分の手で

岡田佳也《よしなり》さん（葉山町）

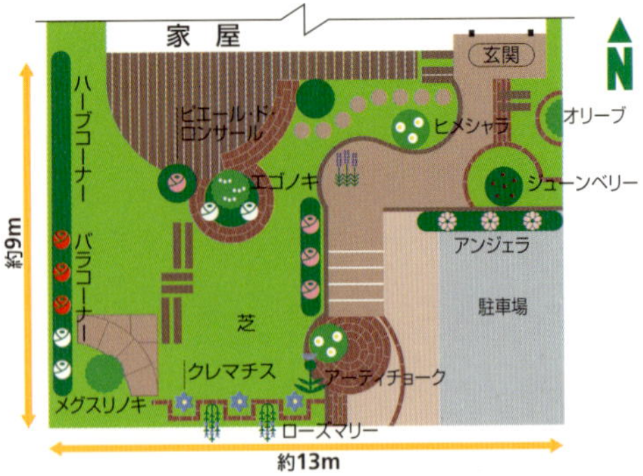

「体力のあるうちにこんな暮らしができて、僕は恵まれていると思います」と日焼けした笑顔を見せる岡田佳也さん。'00年に大手商社を53歳で早期退職。その後、家と庭を大幅にリフォームした上で、自然豊かなこの地に越してきた。

庭のリフォームは「動きがあり、外に向かって開かれた雰囲気に」と業者に委託。ただし工事は業者任せにせず、DIY（Do It Yourself）精神でレンガ積みや木戸作り、デッキの板張りなど、できるかぎり自ら携わった。道行く人に「さすがプロは違うわねえ」とうれしい誤解もされたほどで、「次はもっとうまくできますよ（笑）」。

ガーデニングについても「自分でやるからこそ面白い」が持論。とくに力を入れるのがバラだ。この家に越してきてまもないころ、地元のバラ教室に通い「手のかかる娘みたいで」たちまち魅了された。

家の前に立つとまず印象的なのは、駐車場壁面のつるバラ“アンジェラ”。車がないときも、家に温もりと華やぎを添えている。階段を上るとS字型の壁が玄関へと導き、その内側には南向きに広がるバラと芝生の庭。白系とピンク系のコーナーがあるほか、'05年春、ポールとワイヤを伝うように、大好きなピエール・ド・ロンサールを植えた。しばらくすれば、ウッドデッキで過ごす際の目隠しにもなってくれるだろう。

もともと高さのある道路側はレンガと枕木でごく低い塀を設け、クレマチスと枝垂れるタイプのローズマリーを植え込んだ。オープンなつくりのせいか、近所の人に声をかけられることが多く、庭好きの輪もできた。地域でガーデニング同好会を作ろうという話も出ているそうだ。

岡田さんはほかにも、育てた梅で梅干を作ったり、ボタニカルアートを描いてみたりと、会社員時代とは違うさまざまな楽しみに挑戦中。「今は趣味に生きています！」と言うほど、とことん本気で遊んでいる。こんな大人が増えたら、世の中はもっと素敵になるに違いない。

1.芝生が美しい、2階からの眺め。日当たりは抜群　2・3.階段を上がると、S字型の壁が玄関へ誘導。壁には競争馬用の蹄鉄をはめ込んだ　4.円形花壇の左はポールに伝うピエール・ド・ロンサール。ワイヤが家屋まで張られている
（前頁）階段右の駐車場には、つるバラ"アンジェラ"。階段左はピンク系バラのコーナーで、ギ・ドゥ・モーパッサンなど4種が

my Style

芝生の手入れ

バラと芝生は憧れの組み合わせ。芝の手入れは難しそうだが、岡田さん宅のコウライシバは見事。隣人に教わったという手入れ法をご紹介しよう。

年に1度、2月ごろに根切りをし、土に空気を入れる。10日ほどして、川砂・もみがら燻炭《くんたん》・肥料から成る目《め》土《つち》を撒く。さらに10日後、再度目土を撒く。あとは週1回刈り込むだけ。良好な日当たりが大いに助けとなってはいるが、このシンプルな方法で美しい芝が保たれている。

1.道路側にはローズマリーが枝垂れている。ここのレンガ積みも岡田さんが自ら行った **2**.アンティーク調の玄関ドアと緑のコントラストも美しい **3**.アンジェラは岡田さんの愛情に応えてか、秋にも他では見られないほど美しい花を咲かせるそうだ

庭を大きな花束に

妻鹿みゆきさん（厚木市）

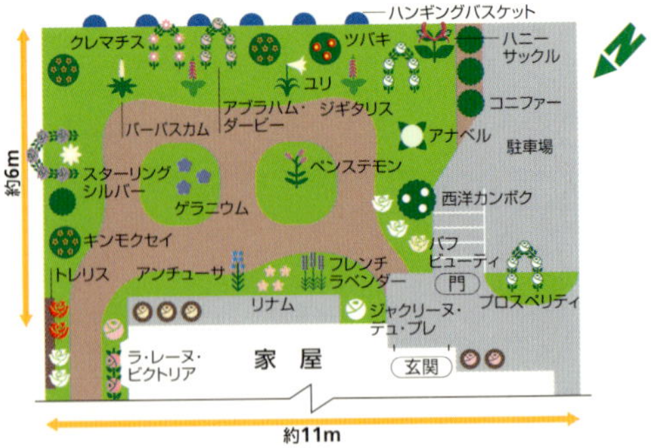

ラベンダー、ジギタリス、そしてさまざまなバラ。イギリスの野原を思わせる植物たちが、庭からこぼれんばかりに葉を茂らせ、咲き誇る。生命力に圧倒されそうだ。

「種から育てるのが大好きで、後先考えないでポットに種をまいちゃうんです。苗はつねに700本くらい。育つと庭に適当に植えるので、こんなにごちゃごちゃになってしまいました」と妻鹿みゆきさんは笑う。

一見、無造作なようだが、実はあえて自然な雰囲気になるよう意識している。「そのほうが飽きがこないんです。偶然の面白さというか、植物同士のとり合わせで思いがけない美しさが生まれるなど、自分の庭なのに新しい発見もありますよ」。

4年前、神戸から厚木へ越してきた。神戸時代は屋上にコンテナガーデンをつくり、育てた花を地上の門周りなどに移して飾った。厚木ではコンテナと地植えとの違いを試してみようと庭づくりに励む。

バラは神戸時代の3株から約50種に激増。「バラには手を出さないと決めていたのに、一度咲かせたら草花にはない格別な魅力にとりつかれてしまって…。刻々と移り変わる花の表情を見ているだけでうれしいですね。今では頭の中がバラでいっぱい。買ってきた切り花も挿し木にしています」。とはいえ、そのバラも庭では特別扱いされず、草花に混じって風に揺れているのがいかにも妻鹿さんらしい。

もともとガーデニングを始めたのは、震災後の神戸で「まちに花を」という活動に賛同したのがきっかけだった。花の楽しみをまちの人と分かち合いたいという気持ちから、現在も年1回オープンガーデンを開催。花を通して友人の輪もどんどん広がっている。

「狭い庭だからこそ、あふれるくらい花を咲かせたいんです。そうすれば花の迫力で、広い庭と同じくらい素敵な庭になれるのでは、と思うから」。

花と緑がぎっしり詰まった庭は、大きな花束のよう。それは、外の世界へ向けて笑顔で差し出されている。

1.黒花フウロやオルレイアの一角　2.手前のバラはツーヤンフェウー、奥はラ・レーヌ・ビクトリア　3.のびのびと楽しげに咲いているフレンチラベンダー、キンギョソウなどの草花たち。青いアンチューサと、赤やオレンジのリナムとの対比が目を惹く。土のままの小道も自然で懐かしい雰囲気

1.黒門の右脇にはバラ"プロスペリティ"のオベリスク　2.左からエブリン、ジュード・ジ・オブスキュア、ツーヤンフェウー　3.紫色のペンステモン" ヴァイオレットダスク"と昼咲月見草に彩られた小道　4.道路側にも季節ごとにハンギングバスケットを飾って華やかに

my Style

寄せ植えのコツ

寄せ植えやハンギングバスケットも上手に楽しんでいる妻鹿さんに、美しく作るコツを聞いた。

花の色はブルー系、オレンジ系など同系色でまとめること。その際、オレンジ→アプリコット→白のように、グラデーションをつけるとまとまりやすい。

葉物を取り入れるのも効果的。花が1、2種類でも葉物を入れるだけでおしゃれな感じに。緑色の葉でなく、銀葉（白っぽい葉）や銅葉（赤っぽい葉）にするとより個性的だ。

1.バーバスカム、シレネ・ディオイカ（ピンク）、レッド・ヴァレリアン（濃いピンク） 2.ジュード・ジ・オブスキュア 3.バリエガータ・ディ・ボローニャ 4.西洋カンボク 5.ジャクリーヌ・デュ・プレ 6.コンテ・ドゥ・シャンパーニュ

オープンガーデンの情報はこちらでチェックを。
例年5月中旬に開催している。
妻鹿さんのHP　http://www.milky.ne.jp/~anise/

自分流に英国式庭園《イングリッシュガーデン》

先崎《せんざき》真美さん・友美さん（伊勢原市）

「イギリスのお庭って何てすてきなの！」。十数年前、雑誌を立ち読みしていた先崎友美さんは声を上げた。緑に覆われた敷地、群生する紫や黄色の草花、こんもりしたバラの茂み。初めて見る英国式庭園（イングリッシュガーデン）だった。その足でDIY店へ走り種やスコップを購入。海外通販でイギリスの草花の種も入手し、近所に借りていた畑に早速まいた。「でも妹は移り気で、後はほったらかし（笑）。仕方なく私が、何の花かも知らずに世話をしました」と6つ違いの姉・真美さん。ある日久しぶりに見に行くと、背丈ほどの植物がにょきにょき生えて、一斉に開花していた。怖いくらいの美しさ。ジギタリスだった。「写真でしか見たことのない花を、自分たちで咲かせられるんだ…！」。もともと園芸好きだった2人は、以来イングリッシュガーデンのとりことなった。

　数年後、フワフワして優しい色合いのオールドローズに「シャクヤクみたい。これがバラなの⁉」と新たな衝撃を受ける。直ちにナーサリー（苗の生産者）から苗を取り寄せ、試行錯誤しながら育て始めた。

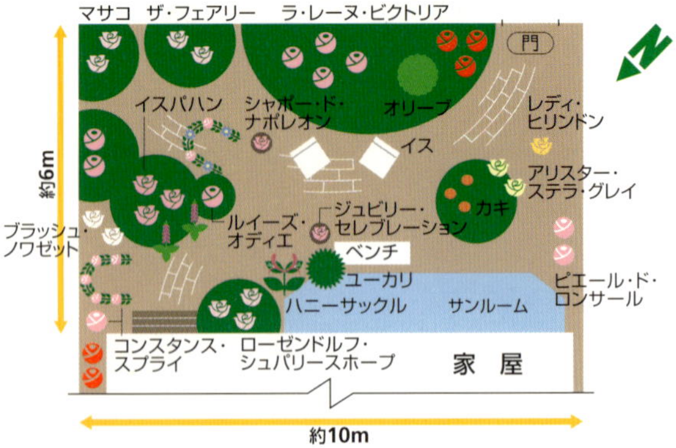

「日本では花期と梅雨が重なるなど、環境的に難しい面もありますが、植えてこそバラ、自由な形で奔放に育つのがオールドローズ。そう思うので、地植えが好きなんです」と友美さん。趣味が高じて苗や鉢植え、手作り雑貨のショップ「リトルガーデン」を自宅にオープンした。

　バラは、デルフィニウムなど背の高い草花とともに植えて倒れるのを防ぎ、根元には背の低い草花を植え込んで泥中の雑菌が葉に飛び散るのを防ぐ。「何より、いろいろな草花が一緒にたくさんあるほうが楽しいですから」と真美さん。

　取材後、手作りのスコーンと紅茶をごちそうになった。窓の外でバラや草花が風にそよぐ。

「無理やり英国風の庭にしているんです」と2人は笑うが、自然や時の流れと共生するイングリッシュガーデンのエッセンスは見事なほど体現されていた。

1.コンスタンス・スプライのアーチ　2. 2人でリフォームしたサンルーム。棚や雑貨類は友美さんのハンドメイド　3. 外猫のカメちゃん。"バラに猫"は絵になる！　4. バラに囲まれ一休みできるのも英国風。手前の鉢はジュビリー・セレブレーション　5.バラと相性のよいクレマチス
（前頁）種や苗のサンプルも兼ね、珍しい草花や百数十種類ものバラでいっぱいの庭。左のピンク色のつるバラは、ローゼンドルフ・シュパリースホープ。右の茂みはイスパハンなど

1

4

2

3

5

バラの系統って？

従来日本で主流だったバラはハイブリッド・ティと呼ばれる種類。木立性で花びらの先端が外側に反り、芯が高い。これは19世紀に人工育成されたモダンローズという系統に分類される。また、モダンローズが育成される以前のバラで、原種以外をオールドローズと呼ぶ。一～二季咲きで香り高く、柔らかな花形が特徴だ。これらモダンローズとオールドローズを交配したのが、イングリッシュローズ。英国のデイヴィッド・オースチンが作出したいわばブランド名。花形はオールドローズに似るが、四季咲きが多く、丈夫で育てやすい。

モダンローズに属するローゼンドルフ・シュパリースホープに絡むハニーサックル

コンスタンス・スプライはイングリッシュローズ

オールドローズのシャポー・ド・ナポレオン（左）とイスパハン

姉妹の人柄を表し、かわいらしく温かい雰囲気の庭。隅々にまで気が配られ、どの一角も愛らしい

リトルガーデン

〒259-1132　伊勢原市桜台2-7-75　TEL・FAX 0463-94-3187
OPEN 月曜～木曜 10：00～17：00　Pなし
小田急線伊勢原駅から徒歩10分
http://www5a.biglobe.ne.jp/~little-g/
※オールドローズ主体のため、5・6月が花のメイン

目線の変化を楽しむ

松田哲也さん（横浜市青葉区）

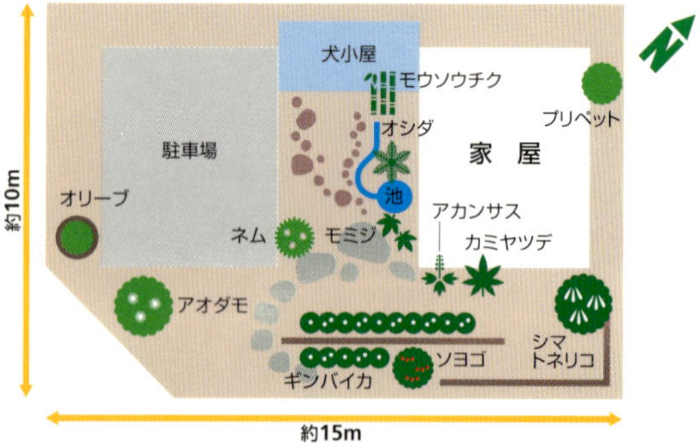

敷地の中央につくられた、吹き抜けの四角い中庭。ガーデンデザイナー・松田哲也さんの自宅庭だ。
「内と外との区別を感じさせない家を作りたかったんです」。

その思いがよく表れているのが半地下の書斎。窓に面したデスクに座ると、中庭とその向こうの2台の愛車が、地面で腹這いになった低さで目に入る。部屋の中にいながら、地表のオシダが顔に触れんばかり。

松田さんはこれを“カエルの目線”と呼ぶ。「葉っぱの上に乗っている姿がいかにも気持ちよさそうで」カエルが大好きなのだ。経営するガーデンショップ「フロッグス テラ」もカエルにちなんだ命名である。

吹き抜けの庭には上階ならではの楽しみかたもある。3階にあるリビングは、掃き出し窓で外の渡りデッキに直結しているが、段差がなく室内外が一体化。そのデッキから中庭を眺めると、空に伸びたモウソウチクの葉がずっと下で風に揺れている。書斎の“カエルの目線”から、いわば“鳥の目線”への転換だ。

渡りデッキの先にはリビングの延長のような屋上テラス。外壁に沿って見下ろすと、シマトネリコの密集した小さな花と、カミヤツデの巨大な葉があった。何と斬新な造形美だろう！「植物は太陽にいちばんいい顔を見せます。葉が光を受けようと競って面を作る、その姿は真上からだけ見えるんです」。なるほどこれは“太陽の目線”なのだ。

シマトネリコとカミヤツデのように、繊細な葉の植物と極端に“化ける”植物との対比は、他の場所でも巧みに取り入れられている。“化ける”とは、松田さんによれば驚くほど大型化したり形が変化すること。
「植物は葉一つとっても、どんな芸術家にも作れない美しい形をしている。私はその力を借りて仕事をしているだけです」。

どこにいても緑を眺められる室内。その室内とひと続きになった外空間。両者の要となっているのが、さまざまな目線から楽しめる中庭なのだ。

1.半地下の書斎。この眺めを実現することが家作りの動機だった　2."太陽の目線"で見る、葉の直径が1m近くにもなるカミヤツデ（下）とシマトネリコ（上）　3.3階から中庭を見下ろす。2階の階段通路（左）からは、モウソウチクが真横に見える　4.3階リビングと屋上テラスとを結ぶ渡りデッキ

（前頁）モウソウチクやモミジなど繊細な葉の植物と、オシダなど大型化する植物との対比が印象的。右手が半地下の書斎、左の階段は2階の玄関へ続く。奥は愛犬のスペース

庭に表情をつけるせせらぎ

約15㎡のこじんまりした空間に動きを演出しているのが、小さな池だ。「植物は風でそよぐだけなので、庭に動きを取り入れるなら水がもっとも効果的なんです」と松田さん。さらに、小さな流れを設け循環させることで、せせらぎのような水音を作り出した。見えなくても、水の存在を感じさせる工夫である。

また池には蚊などが発生しないよう金魚を飼っているが、これも庭に動きをもたらす一要素となっている。

バリ島で使われていた古い石臼と地蔵のようなすりこぎ

（上）屋上デッキからリビングを望む
（左）家は道路脇に建つが、中庭にすることでプライベートを確保

フロッグス　テラ

〒225-0002　横浜市青葉区美しが丘2-6-4　TEL045-901-9800
FAX045-901-9812　OPEN 11:00〜19:00　水曜定休　Pあり
田園都市線たまプラーザ駅より徒歩約5分
http://www.frogs-terra.co.jp/
※植物はもちろん、オリジナルのガーデングッズなども豊富。造園設計施工の相談も受けている

わずかな空間巧みに

大野相模さん・恭子さん（鎌倉市）

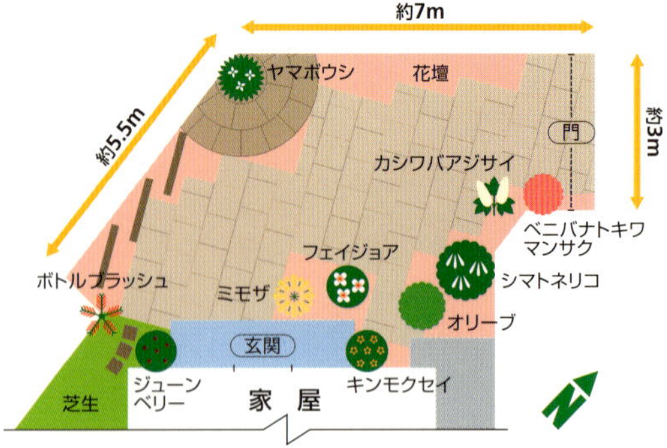

大野さんは夫婦で悩んでいた。家を新築したものの、前庭をどうつくればよいかまるで決まらなかったからだ。門から玄関に至るまでのスペースで植物を育て、車も置きたい。どうしよう…。

造園業者と相談を重ね、やっと納得いくデザインが決まったのは入居から8カ月後。車を置くために、中央部分はコンクリート下地の石張り舗装。斜めに張られた石と扇形のテラスが、訪れた人を自然に玄関に誘導する。その周縁部に植栽スペースを設けた。

業者の施工が完了したあとも庭づくりは続いた。前半が恭子さん主導だったのに対し、後半の植栽は相模さんの独擅場。「テラスに植えたシンボルツリーのヤマボウシは、細めの幹が何本も立っている『株立ち』を選びました。林のような雰囲気が出るんです」。

相模さんは樹木医の資格を持ち、植物を育てる腕前は抜群。「しっかり根を張らせてやりたいから」と鉢植えは置かず、徹底的に土壌改良した上で木々や草花を植え込んだ。下草や草花をふわりと敷石側に張り出させて緑の面積を増やし、ブルーの花の隣にオレンジ色を植えるなど補色をうまく取り入れて庭に動きをつけている。植栽できる土の部分はわずか3㎡ほどだが、その数倍はありそうに見えるのは、もりもりと活力あふれる緑の成せる技だ。

こうして植物たちが加わることで、大野家の庭は見事完成。「時間は掛かりましたが、時間を掛けてよかったです」と恭子さん。庭に出ると、蜂が花の蜜を集める様子が可愛くて、ついいつまでも眺めてしまうそうだ。相模さんは「花がら摘みも、花のためだと思うとそれだけで楽しい」と毎朝出勤前に庭の手入れを欠かさない。

張り出した植物を倒すのがしのびなく、こだわってつくった駐車スペースには車を置かず、庭とは別の場所に駐車場を設けた。限られた面積で植物が元気に育つのは、2人のそんな優しさがあってこそなのかもしれない。

門からの眺め。正面の扇形テラスが視線をいったん止め、左手の玄関に向かわせる。全体の雰囲気は南欧風の家に合わせた

1 扇形のテラスには株立ちのヤマボウシ　2 カシワバアジサイ、アガパンサス　3 門扉の影も美しい

4.3枚の壁を斜めに立てて動きを演出。夜は隙間からライトが漏れ、道路側から見ても美しい

5. 前庭の奥にある芝生の庭。リビングから出られるウッドデッキにつながっている　6. 植物のセレクトは、造園業者が「玄人好み！」とセンスのよさに舌を巻いたほど

ボリュームアップのコツ

庭土の面積以上に植物のボリュームが豊かな大野家の庭。その秘密の一つは、グレコマやサンビタリアなど、這う性質の植物を縁に配し、敷石側に張り出すように植えている点にある。敷石との境界をさりげなく隠す効果もあり、庭をソフトな雰囲気に演出する。きれいに見せるコツは、伸びすぎた部分を切るときに、刈り込まず、全体のバランスを見ながら1本1本切り詰めること。切り口が見えないよう、少し奥のほうで切るとよいそうだ。

アジュガ

グレコマ、サンビタリア

あれこれ迷っていた頃の手付かずの庭。P.61と比べると、まさに別世界?! 頼りになった業者は、アクセンツ（P.72参照）

母娘をつなぐバラ

中澤和子さん（川崎市麻生区）

金井美鈴さん（横浜市青葉区）

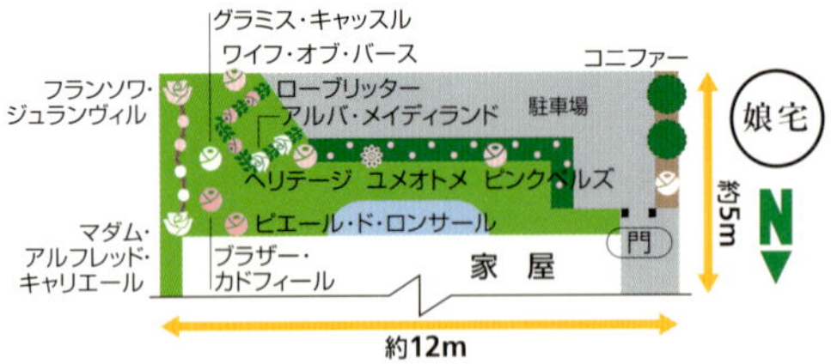

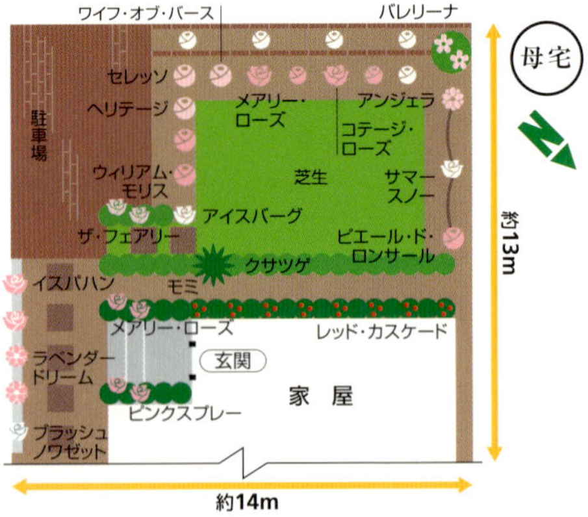

芝生の奥で咲き誇る、高く誘引されたつるバラ。道行く人が立ち止まっては、笑顔で見上げていく。「20年前に越してきた当初からオープンなバラの庭にするつもりで、塀を作らなかったんです」と中澤和子さん。

バラ栽培歴は、30年ほど前から。バラの肥料に牛糞が使われると知ったのがきっかけだった。親族が乳業会社を経営しており、牛にはお世話になっている。そこで何となく縁を感じ、育て始めたのだそうだ。

当時は、ハイブリッド・ティと呼ばれるモダンローズ系統が主流。中澤さんもそれを熱心に育てていたが、10年近く前、バラの世界の変容にふと気付く。優雅で柔らかな花が特徴の、オールドローズやイングリッシュローズがいつの間にかブームを迎えていたのである。「見たことのない可愛らしさ」に驚き、早速、方向転換。イングリッシュローズのうちピンク色のものを中心に育て始めた。

3年ほど前からは、近所に嫁いだ長女の美鈴さんも、戸建てに入居したのを機にバラに取り組み始めた。「物心ついたときから庭にはバラがいっぱいでしたから、バラのない庭は考えられませんでした」。若い世帯向けのコンパクトな敷地だが、鉄製の低い台“ローズベッド”や壁面などを使い、メリハリのある見せ方を工夫している。

実際に育てて「初めて母の大変さがわかりました」と美鈴さん。中澤さんは「趣味を娘と共有できてうれしいですね」。そして、いつか一緒にバラ園巡りをしたいと口を揃える。

好きな品種は偶然にも、2人ともヘリテージ。淡いピンクで、丸みを帯びた姿が愛らしい。まるで、母娘間の温かく優しい空気を象徴しているかのようなバラである。

1 左右に渡した2本のロープに誘引することで、華やかさと日照確保を実現。左からアンジェラ、サマースノー、ピエール・ド・ロンサール　2 玄関前のラティスには、ラベンダードリームなど数種のつるバラ　3 刈り込まれたクサツゲとレッド・カスケード　4 雰囲気の違う裏庭　5 庭の縁周りには、木立性のバラを植えている。手前はセレッソ

1 美鈴さんの「ラブリーな」庭。ピンクのバラで低い垣根のように仕立てているのが、ローズベッド 2 手前はブラザー・カドフィール、奥はピエール・ド・ロンサール 3 アーチの花付きも見事 4 鉢の青いビオラが、ピンク色の庭にアクセントをつけている 5 ローズベッドでは、2種類のバラを使って色の深みを出している

くくく 娘の庭

ローズベッド

美鈴さんの庭で特徴的なのが、造園業者オリジナルのローズベッド。黒い鉄で手作りした装飾的な台に、鉄の素材感を見せつつ、バラを這わせたものだ。細いつるバラと鉄の組み合わせが不思議な魅力。ベッドの高さは、通りからの視点と室内からの視点を意識した。つるバラは見上げる感じが多いが、ここでは見下ろす形になり、新鮮な表情を楽しめる。ユメオトメとピンクベルズという2品種を使ったのもポイント。

庭で摘んだバラのドア飾り

ロープ仕立ての足元には、ジギタリスやアカンサスなど背の高いものを

母娘のお気に入りヘリテージ

セレッソ（手前）は花びらが散らずに手入れしやすい

ワイフ・オブ・バース

ウィリアム・モリス

ローブリッター

メアリー・ローズ

呼吸を合わせ共存

ケイティー恩田さん（葉山町）

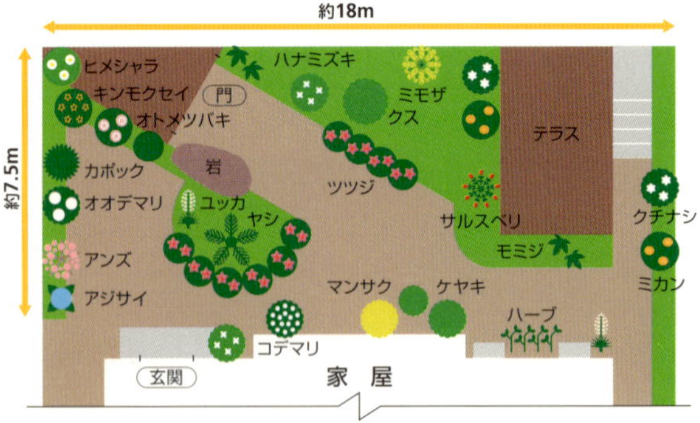

閑静な住宅街の一画、そこだけ空気が違うかのようにヤシの大木がうっそうと葉を茂らせる。3年前、この大木の前に夫と共に立った瞬間、ケイティー恩田さんは「この家を買おう！」と心を決めた。

ヤシの木を見上げながらぐるりと玄関へ回る。庭にはほかにもクスやモミジなど、年月を経た木々がダイナミックに枝を伸ばしている。

木々の間に“共存”するのは、ケイティーさんがえりすぐったベンチやガーデンアクセサリー、鉢植えのトピアリーなど。「もともとあった植物たちの力を生かすよう意識しています。私は後から入れてもらった存在ですから（笑）」。

生まれ育ったのは日本だが、いつのころからか、古いものを慈しむイギリスが大好きになり、現在は英国食器や家具を扱うアンティークギャラリー「KATY'S HAYAMA」を営むほか、英国の生活や文化をベースにしたライフスタイル関連の教室も開く。

庭との付き合い方も英国流だ。「植物といっしょに呼吸する、それがイングリッシュガーデンなの」。ベンチは2カ所、椅子はあちこちに置いて、天気がよければランチをしたり、ティーカップを手に外に出たり。庭は、ごく当たり前に部屋の延長線上にある。

季節の移り変わりを感じるのも楽しみの一つ。葉が落ちてしまったハンギングバスケットは、冬中そのまま吊るしておく。「冬になれば枯れ、春になれば芽が出るのが人生でしょう。それに、いつもこの場所にいる植物だから、ここで1年間過ごしたいんじゃないかしら」。毎朝4時に起き、まず庭に出て「みんな元気？」と見て回る。夏の朝は、ヤシの葉にホースで水やりをするとき生まれる小さな虹が美しい。

「ここは縁あって私がいただいた幸せな庭」。そう言って、木漏れ日の中、ケイティーさんはゆっくりと庭を見渡した。まるで植物と気持ちを交わし合っているかのように。

1 門からの景色。右手にヤシの大木がそびえ、エキゾチックな雰囲気

2 回りこんで反対側からヤシを眺める。木々が生い茂っているが、視界が開けて気持ちいい

1 お気に入りの庭仕事グッズ 2 玄関前に鎮座するシーサー 3 ウィンクするお茶目なおじさんに、ブッドレアが降りかかる 4 ケイティーさんお気に入りのガーゴイル。欧州では教会を守っているが、ここでは庭の番人だ。この一角ももとは日本風だったが、地面を覆う植物やガーデンアクセサリーを加えて英国風に

5 家が隠れんばかりに
ヤシやクスノキが茂る

シンメトリーの美

ケイティーさんの庭には、随所にシンメトリー（左右対称）が取り入れられている。対にして並べてみると、何でもないものも、とたんに美しいフォルムを生み出す。「一番簡単なアレンジの仕方です」。石のガーデンアクセサリーは、歓迎の意味を持つパイナップルの形（左）。2つを揃えて置くことで、訪れる人を温かく出迎える雰囲気となる。右はシンメトリーを利用したレイアウト。ツゲを植えた鉢はほどよく苔むした「ウェザード」な状態（下）。

庭でお茶を飲むのはケイティーさんの楽しみ。右はアンティークのハーブカッター

アンティークギャラリー「英国生活骨董KATY'S HAYAMA」
〒240-0112　三浦郡葉山町堀内2100-135
TEL・FAX 046-875-0498　http://www.katys-hayama.com
※予約制。水曜日10：00～16：00・土曜日15：00～17：00

ゴーヤの葉陰で

小笠原史人さん・小山貴子さん（葉山町）

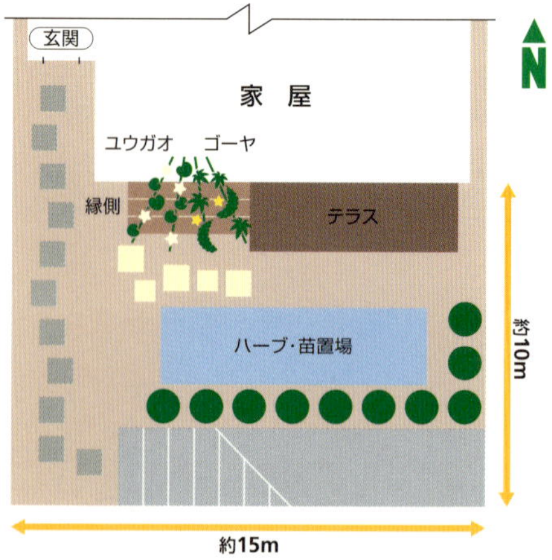

黄色い三日月型の実を割ると、中から真紅の粒がごろごろ現れた。色鮮やかな対比に息をのむ。「こんな姿を見られるのは、育てている醍醐味ですね」と小山貴子さん。実はこれ、熟したゴーヤ（ニガウリ）なのだ。「食べてみましょうか」。勇気ある発言は夫の小笠原史人さん。

「甘いですよ」と言われ、半信半疑で１粒口にした。赤色のゼリー状の物質が種を覆い、熟柿（じゅくし）のようなほのかな甘みがある。後で調べたところ、沖縄では子どものおやつ代わりにもなるとか。

造園設計施工事務所「アクセンツ」を営む2人の自宅庭は、仕事に使うハーブの鉢植えでいっぱいだ。自宅で育てれば、施主の庭にそのまま植えられるほど大きくできるし、鉢が不織布製なので鉢ごと移植でき植物が弱らない。「香りがよく、食べられる。花が年中咲くのに手入れは楽。ハーブは生活に気軽に取り入れられる植物なんです」と小山さん。庭はライフスタイルを形作る手段だから、施工から時間が経つほど魅力を増すよう作りたい。そう考える2人に、ハーブはぴったりなのだ。

一方、仕事を離れて楽しんでいるのが、冒頭のゴーヤ。5月の連休明けに種を蒔き、元気な苗を3本選んで和室の軒先に植えた。同じ場所にユウガオも植え、こちらは2階の窓辺まで這わせる。今年の夏は、昼は和室でゴーヤを、夜は2階の寝室でユウガオを眺めた。

このゴーヤのカーテンはなかなかに多機能で、日よけ、目隠し、ライトアップで照らすためのスクリーンにもなる。黒い葉影が障子に映ると、部屋は一変、幻想の世界に。

もちろん実を食べられる点もいい。「初めはチャンプル（炒め物）しか知りませんでしたが、ゴーヤ料理って実は結構あるんですよ」と小笠原さん。葉陰で涼み、熟れた実に驚き、食卓に普段と違う味わいをのせる。たった3本のゴーヤから、楽しみが続々生まれた。庭は2人の宝箱でもあるのだ。

1.室内から見たゴーヤ。この日は雨だったせいか、日中にも関わらず幽玄な雰囲気　2.ゴーヤやアサガオなどは30〜50cmになった時点で先端を切ると、脇芽が左右に広がり、上ばかり茂る事態を避けられる

1.ヘチマやゴーヤは日差しを遮り、室温も下げる効果があるため、公共の建物でも利用が進んでいる　2.ネットまでは支え棒で誘引（6月頃）　3.5月初めの種まきから2,3カ月で花が咲く　4. 完熟したゴーヤの実。収穫せずに放っておくと、実がはじけて種を飛ばす　5.栽培・養生している鉢植えのハーブ　6.軒下にアンティーク風ランプ　7. 大輪のユウガオの花

ゴーヤ料理を楽しむ

小笠原・小山さん夫妻のこの日のランチは、ゴーヤカレーとナムル風ゴーヤサラダ。カレーはオリーブ油で炒めた合挽き肉に、ニンニクすりおろし、ゴーヤ薄切り、ナス、オクラ、ピーマンを加えて炒め、トマト缶、カレー粉、ウスターソース、しょうゆ、ケチャップを加えて煮る。ドライカレー風にしても可。

サラダは、電子レンジで少し加熱し苦みを弱めたゴーヤの薄切り、モヤシ、カニかまぼこをしょうゆ、トウバンジャン、ゴマ油で和える。

敷石の周りに多肉植物やコルディリネを植えシックに演出

春先にはパンジーなど、ハーブ以外の苗も出番を待つ

アクセンツ

〒240-0111 三浦郡葉山町一色63-5　TEL・FAX 046-876-1741

http://www.accents.jp/

※ガーデンコンシェルジュとして、庭に関するさまざまな相談に乗る。店を持たない“現場主義”のため、まずは連絡を。P.44岡田さん、P.60大野さんの庭も手がけた

外の世界と一体化

河合文子さん（横浜市港北区）

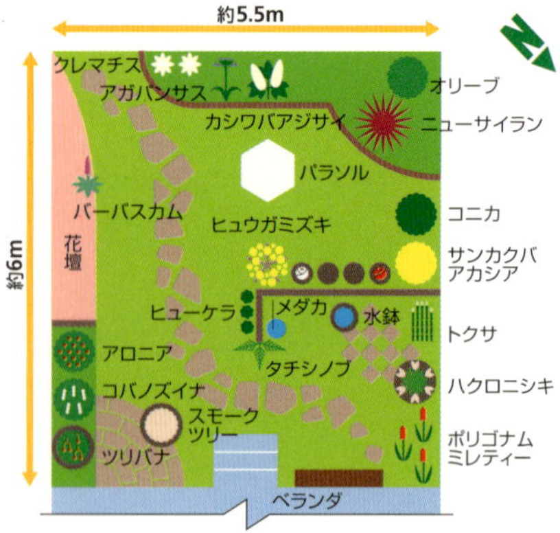

部屋を背に庭に向かうと、遠方や左右がすんなり見渡せる。マンション1階の専用庭というより、ホテルの広い庭園のようだ。眺めているうち、その理由に思い当たった。遮蔽物がどこにも見えないのだ。

「人の目はあまり気にしないんです」と笑顔を見せるのは河合文子さん。夫とエクステリア（建物周りなどの外構）と造園の会社「釉花社」を営むが、お客さんからは「庭に目隠しを作ってほしい」という要望が意外に多い。「隠すことばかり考えるとちょっぴり悲しくなりますが、閉鎖的にならないような隠し方の提案を心掛けています」。

河合さん宅は視界に大きなビルや道路がなく、すぐ前は私道や駐車場。恵まれた環境であるのは確かだが、そのメリットを生かしきっているのは、外に広がるイメージを大事にしているからこそ。「向こうの里山までうちの庭のつもりです(笑)」。両隣との境界にあるのも「心理的な境」だけ。もともとあった金網に白い板と鉄筋を取り付け、隙間の多い柵を設けている。

庭の敷地は5.5×6m。20年ほど前に入居して、当初はさまざまな種をまいては「雑誌に載っているような花」を咲かせて楽しんでいた。だが仕事が忙しくなるにつれ、木と宿根草中心の庭にシフト。洋風の一角、和風の一角、季節の花の一角など「振り返ったら違うシーンが見えるように」、雰囲気の異なるエリアをいくつも作る。

メインは花より葉物。色や形のほか、手触りの異なるものを組み合わせているのが特徴だ。「バーバスカムは銀色でフェルトのよう、銅葉のニューサイランは固くてすべすべです」。なるほど、実際にさわってみると葉の質感はそれぞれに個性がある。

都心部でありながら周辺には農地も残る、自然豊かな土地柄だ。野鳥や虫も多く訪れる。20年来庭に住み着いているトカゲの“一族”もいるという。「爪くらいの大きさの、可愛い卵を産むんですよ」。外に向かって開かれることで庭は、今や周囲の環境の大切な一部となっている。

1. もとは約50cmだったニューサイランは2m近くまで育ち、'05年にはオレンジ色の花が咲いた。シダやハランを組み合わせ、混沌とした感じとメリハリとを演出　**2.**「周囲の景色と一体に」がモットー。「マンションなので全体から突出しないよう意識しています」　**3.** 真砂土で手作りした平板を市松模様に配置　**4.** 目隠しというよりワンクッションとして置いたラティス。その内側は、日陰に強い植物のコーナーになっている

左上：白い花はイワシャジン　右上：タデ科のポリゴナムミレティー　左下：小さな花の咲くコーナーに何を植えるかは楽しい悩み。「花は庭のブローチのように。あまり飾りすぎないほうが好きですね」

my Style

自然の石をオブジェに

河合さんは石が大好き。海などに行くとつい拾って帰る。それらを庭のアクセサリーとして活用することも。好きな石に穴をあけ鉄筋を刺したものは、まるで前衛芸術のオブジェのよう。自然が形作った石は、庭の緑の中に違和感なく溶け込んでいる。鉄製のかごにゴロゴロと入れて片隅に置いたり、色や形の気に入ったものをいくつかまとめて置いてみるだけでもいい。庭の表情が楽しげなものに変わってくるはずだ。

有限会社 釉花社（ゆうかしゃ）

〒223-0066　横浜市港北区高田西1-6-21-111

TEL 045-592-2092・FAX 045-592-2062

※店舗を持たないため、まずは電話を

ベランダの小宇宙

高木美香さん（川崎市川崎区）

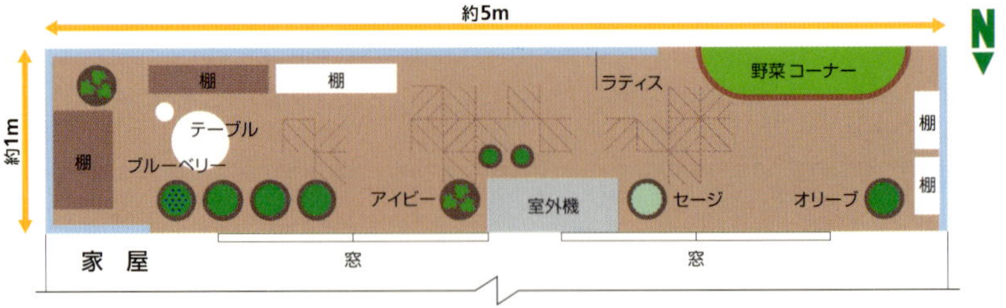

奥行き1m、間口5mほどのベランダが高木美香さんの庭。鉄製の柵に白い木製ラティスを掛け、コンクリートの床にはウッドパネルやレンガ、小石を敷き、60鉢以上の植物を育てる。「ベランダは狭い分、自分の世界を作り込める良さがあります。冬でも外ほど寒くないし、雨の日も作業できる。虫が少ないのもいいですよ」。

リビング正面がメインガーデンかつ主な作業場所。掃き出し窓の下枠に幅15cmほどの木片を取り付け、ここに腰かけて庭仕事を行う。ちょっとした工夫で、ぐんと作業しやすくなった。

小学6年生を筆頭に3人の子を持つ高木さん。以前は子育て中心の生活だったが、5年前に現在の集合住宅に入居したことで変化が訪れた。ベランダが真南に面していることから、

軽い気持ちでミニトマトやアイビーの鉢植えを購入。その成長記録にとホームページを立ち上げたところ、同好者たちとのネット上の交流が始まった。これが新鮮な刺激となり、庭づくりの楽しさや植物を育てる面白さに開眼したそうだ。

ベランダガーデニングで気をつけたいのは下の階や隣室への配慮。鉢をラティスに掛けたまま水やりをしない。隣家との仕切り壁は非常時を考慮し、すぐに倒せる軽いものだけを置く。排水口が土やゴミで詰まらないよう、半年に1度はすべてを取り払い、大掃除。また、洗濯物を干すスペースを確保しておくのも大切だ。

特徴的なのは、カントリー調の雑貨類をうまく取り入れていること。どれも小さめで愛らしい。植物も葉の小さいものや細かいものが多い。「小さいものが好きで、小さいままでいてほしい願望があるんです。子どもに対してもそんな思いを持つことがありますよ(笑)」。

かの清少納言の「枕草子」に「なにもなにも、小さきものは、みなうつくし（可愛らしい）」という一節がある。高木さんのベランダには、小さきものを慈しむ日本人の心性が満ちあふれているかのよう。洋風なのにどこか懐かしい。窓のすぐ向こうにある、安らぎの小宇宙だ。

WELCOME
JUNK STYLE
WELCOME
NATURAL
GARDEN

1.小さめのテーブルとチェアは、本来は鉢台。ベランダのサイズに違和感なく溶け込んでいる　2.野菜コーナー(左)。「お母さんがベランダで作ったんだよ」とトマトやナスを食卓に出すと、子どもたちは大喜び　3.窓際にガーデン用品の棚を置く　4.小さな棚や鉢には小さな葉の植物を

ベランダガーデンの工夫

ベランダガーデンでもっとも制限されるのは面積。高木さんは、ラティスのほか、上から鉢を吊るしたり、棚に鉢植えを置いたりと、高さや空間を活用している。また、鉢植えを小さなものに揃えたり、棚の幅を狭くするなど、一つ一つをサイズダウンすることで、狭いスペースにゆとりとすっきり感を持たせている。

日照部分も限られるため、花や野菜を優先的に日なたに置き、季節や時間で鉢を動かすなどの工夫も。また、ラティスをベランダの前面すべてに取り付けず、野菜コーナーに十分な日が当たるようにしている。

バラもミニバラにして可憐に。ウオーターレタスが入った水鉢も直径10cmほどの大きさ

バラの森に遊ぶ

島田 茂さん（横浜市青葉区）

斜面を背に建つマンションの裏庭。約1000㎡もの敷地に200種近い植物が茂る。そのうち約160種がバラだ。しかも枝を好きな方向に長く伸ばし、木に絡みついたり、横に伸びてアーチ状になったりと、まるでバラの森のよう。

「オールドローズがこれほど自由奔放に育っている庭はないんじゃないかな。僕はバラをほとんど切らないんです。のびのび自由に生きる、自然なありようを楽しみたいので」と島田茂さん。

もともと植物が好きで、30代にして盆栽にのめりこんだ。物足りずに樹木医や造園士の資格も取得。50代後半で熱中したのがオールドローズだった。

定年退職後、縁あって新築マンションの庭づくりと管理を任されることになった。広い敷地をぐるりと散策できる小道をつけ、目や体を休ませる寄せ植えのコンテナやベンチを置いた。もちろん多種多様なバラと、それらを支え引き立てる樹木や下草も植えた。細長い斜面を生かした、動きとメリハリある空間が徐々に姿を現していった。その庭が15年目を迎える。

バラの素晴らしさだけに目を奪われがちだが、「バラそのものの美しさより、庭の美しさを追求しています。バラを切らないのもそのためです」。バラを主役にした集合美こそが島田さんの目指す庭なのだ。

先だって、エリート街道を歩んできた古い友人がこの庭を訪れ「お前に負けたよ」と言ったそうだ。「おれこそずっとお前に負けてきたんだよ？」と訝ると、彼は「人生の最後、こんな環境のなかで大往生できたら…」とつぶやいた。

「僕は幸せです。これだけの植物に囲まれて、自由に庭いじりができるんですから」。

好きなことを追求しているうちに、いつしか到達した現在。本来の木性のまま楽しげに生長するバラにも似た、自然体の幸福である。

1.上から見ると、どの植物ものびのび育っているのがよくわかる　2.ポールズ・ヒマラヤン・ムスクのアーチの下にベンチ　3.枝垂れたバラが自然な雰囲気を醸し出す　4.ギスレーヌ・ドゥ・フェリゴンド　5.クレマチス"アーマンディ"
（前頁）右手前がポールズ・ヒマラヤン・ムスク、ザ・ピルグリム（黄）、イエスタデー（ピンク）、自然のまま伸びやかに咲き誇る姿が見られる

my Style

斜面の利用

マンションがあるのは山を造成した新興住宅地。庭はもとの地形が残る斜面だ。「いわゆる受け庭。植物には最高の環境です」と島田さん。まず水はけがよい。肥料は斜面の上方にやれば、水とともに下方へも流れる。建物の北側という、日照面でのデメリットもある程度解消できる。庭の構成という面から考えると、植物の高さを変えずして後ろの植物がよく見えるため、立体的なデザインがしやすい。

また、敷地は細長い斜面なので場所により環境が微妙に異なる。そこで、新しく植える際はまず鉢植えにして、置き場所をあちこち変えて様子を見る。こうして適した場所を見つけてから地植えするそうだ。

ジューンベリーの花（左）と実

カラー

春、クリスマスローズがあちこちに咲く

珍しい黄金葉のタイツリソウ

半日陰に向くプルモナリア

循環する生命に喜び

Tさん（逗子市）

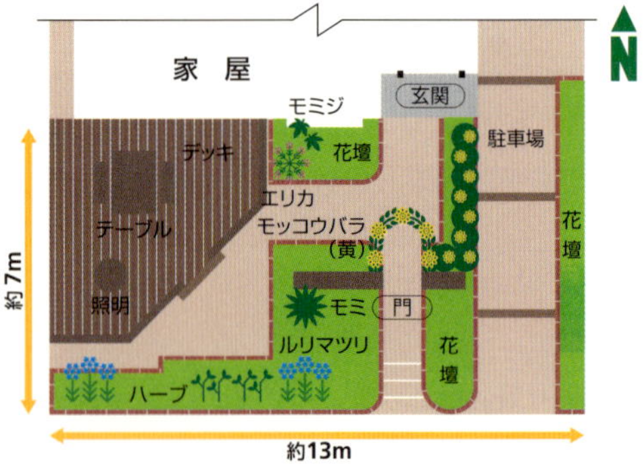

訪れたのは4月下旬。玄関までのアプローチには陽光が注ぎ、アーチ状のモッコウバラや淡いピンク色のネメシアなど、こぼれんばかりの花々が出迎えてくれた。中でも紫色の鉢植えビオラはこんもりとして、まるで小山のよう。

「実はこれ、たった１株なんです。ＥＭ菌で土を作ったらこんなに大きくなったんですよ」と庭主のＴさん。

ＥＭ菌とは土壌改良のための微生物資材。液体タイプと固形タイプがあり、Ｔさんの場合、液体は米のとぎ汁に、固形は台所の生ごみに混ぜて肥料に変える。生ごみからできた肥料に古い土を合わせて3週間ほどすると、さらさらの土に生まれ変わるそうだ。これを始めてから、土はたまに腐葉土を買う程度になった。

庭全体は青色や紫色系の草花を中心とした、野原のような自然な雰囲気。草花の多くはウッドデッキに置いた育苗箱で種から育てるが、こぼれ種から咲くワスレナグサやカスミソウも。風で種が飛んでくるのだろう、いつの間にか仲間入りしたポピーの姿もある。「あら今日は××が出てきたわ、と思いがけない喜びがあります。種がこぼれて芽が出るという、毎年のサイクルができたらうれしいですね」。

当初はハーブばかりの庭にしたかったというだけあって、ハーブも多彩だ。Tさんは主婦業のかたわら、自宅で手作り洋菓子の注文販売に応じており、これにも大活躍している。たとえばローズマリーのクッキーは人気の品。

「ハーブが茂る季節、朝刊を取りに出ると、朝露のついた葉がスカートに触れて、ふわっといい香りが立つんです。幸せな気持ちになりますね。そのまま花がら摘みなどを始め、部屋に戻るのを忘れてしまうこともあります（笑）」。

微生物で再生されては幾度も使われる土、春になるたび芽を出す宿根草、お菓子や料理に活用されるハーブたち。庭の中でいろいろな命が巡りながら生きている。

1.ウッドデッキの脇には大きく育ったエリカ。当初は30cmほどだった　2.ワスレナグサとネモフィラ、チューリップ　3.モッコウバラ（黄）4.ストロベリーポットにこんもり茂るビオラはこれで1株！　5.お気に入りの花壇

（前頁）モッコウバラのアーチが印象的。右奥に根元があり、そこからぐるりと枝を元気に伸ばしている

my Style

ハーブを楽しもう！

そもそもTさんがガーデニングを始めたのは、食卓に庭の花を飾りたいという思いから。今では飾るだけではなく、庭の植物を生活のさまざまなシーンで活用している。特にハーブはTさんの毎日に欠かせない存在。ローズマリーは生のまま細かく刻み、生地に練りこんで焼いてローズマリークッキーに。ミントやレモンバームの葉は、手作りケーキの飾りとして重宝する。

紅茶を淹れる際、茶葉とともにミントやローズマリー、レモングラス、レモンバームなどをポットに入れてから湯を注げば、簡単にハーブティーの出来上がりだ。夏に茂るミントの葉は浴槽に入れると、香りはもちろん、すっきりした湯上がりも楽しめる。

ローズマリー

レモンバーム

チェリーセージ

奥はナツミカンの皮で作ったオランジュショコラ

●ローズマリークッキー（約100個分）

バター　80g、蜂蜜　大さじ1、グラニュー糖　60g、卵黄　1個、薄力粉　150g
アーモンドプードル　50g、ローズマリー（生・みじん切り）大さじ2、粉糖　適宜

①柔らかくしたバターに蜂蜜を加え、よく混ざったらグラニュー糖を加える。さらに卵黄を加え混ぜる。
②ふるった薄力粉とアーモンドプードル、ローズマリーの葉を順に加え木ベラで混ぜる。
③生地を4等分し、ポリ袋に入れ長さ30cmの細長い棒状にまとめる。
④冷蔵庫で一晩ねかせてから1cmの厚さに切り、170℃のオーブンで約15分焼く。冷めたら粉糖をまぶす。

慕わしき水の音

恩田伸哉さん（横浜市都筑区）

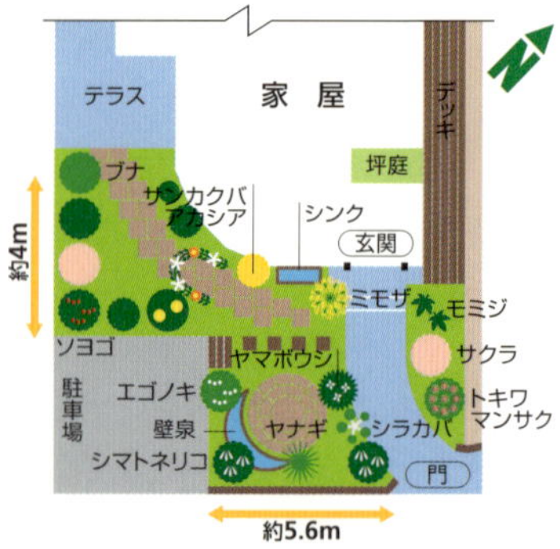

モスグリーンの葉を茂らせたミモザが、アンズ色の外壁と秋空に映える。風に揺れる木々の影を楽しみながら庭へ入ると、「ポト、ポト、ポト…」と柔らかな水音。

見回すとサークル型テラスの奥に壁泉があった。自然石を積んだ間から一筋の水が流れ落ちる。たったこれだけの量だったとは。

「"水を流す"ことを庭に持ち込みたかったんです。できれば大きな池や川を作りたかったんですけど(笑)」と恩田伸哉さん。

水はもう1カ所、玄関横の坪庭でも効果的に使われる。泉のようにボコボコと湧き出す水の周囲を、カポックやドラセナなど観葉植物の鉢が囲む。夜はライトアップされ、水の影がゆらゆらと外壁に映る。

恩田さんが母・貴美子さんとともに、ここに越してきたのは6年前。亡き父が大切にしていた、ヒメシャラやモミジ、アジサイやオダマキ、そしてたくさんのシュンランの鉢も一緒だった。「主人は山野草が大好きだったんです」と貴美子さん。

父の姿を見て植物好きになった恩田さんだが、健在だったころは水やり程度しかしなかったそうだ。だがこの庭に来てから一転。たとえば休日は、庭の手入れをするのはもちろん、園芸店や植物園に足繁く出向く「庭中心の過ごし方」になった。そのせいか性格にも変化が訪れ、「気持ちにちょっぴりゆとりができました」。

そんな話をしている間も、壁泉の音が途切れることなく聞こえてくる。「水の音っていいですよね。とくに夜は、この音があるだけで雰囲気がまるで違います」。

水の音は不思議な存在だ。静けさをいっそう強調することもあれば、静けさを破りほっと安心させることもある。人が水の音に親しみを覚えるのは、はるか太古の生命の記憶と結び付いているからだろうか。

「父の思いを抱きながら庭をやっています」と恩田さん。水音が控えめに響くこの庭には、植物を愛した亡き父の優しさが漂っている。

1.サークル型テラスの向こうにある壁泉。野鳥が水を飲みに訪れることも　2.玄関を上がると、ガラス越しに坪庭が見える　3.通りかかるご近所さんに「木が茂っていてほっとするわ」と言われるそうだ

1.門から玄関へは、段差にグラス類を植え込んで自然な感じを演出　2.株立ちのツリバナの根元にはゲンペイクサギ
3.木製の門の風合いも味がある　4.グリフォンの石像が庭の主のように、全体を見渡している

my Style

すのこで収納ボックス

ガーデニング用具や不要な鉢をどう収納するかは悩みの種。恩田さんは、すのこを組み合わせた収納ボックスを考案した。底がなく、ふたが付いているのが特徴だ。すのこにはもともと隙間があるので風通しがよく、木材の自然なテイストも庭にぴったり。雨ざらしになっても惜しくないどころか、かえって風合いに味が出る。用具の収納以外に、鉢植えを一時的に避難させる場としても活用する。「この辺りは風が強いので強風から守りたいときや、冬に雪が降ったときなどに、この中に移します」。軽いので持ち運びが楽で、好きなところに置けるのも利点だ。

左上：バーベキューグリル内臓のテーブルセットがあるテラス。妹一家とともに賑やかに楽しむことも
右上：壁泉のある円形テラス
右：山野草好きな貴美子さんはホトトギスやハギを植えて楽しんでいる

恩田さんの庭を手掛けたのは、P.56「フロッグス　テラ」松田哲也さん。坪庭やシンクの設置は'06年に行うなど、その時々で松田さんに追加施工を頼んでいる。

温室のある幸せ

菅野富予さん（鎌倉市）

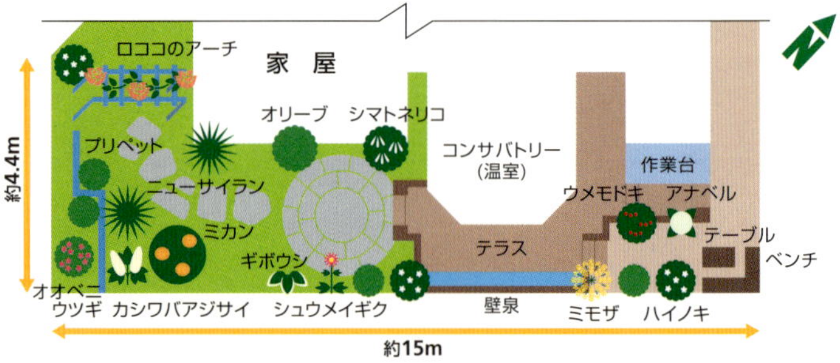

リビングに案内されたはずが、いつの間にかガラス張りのコンサバトリー（温室）にいた。庭なのに室内という、不思議で心地よい空間。

「もとはウッドデッキがあったのですが、道路から丸見えだし会話も筒抜け。屋外の雰囲気を楽しみつつ、ウッドデッキの欠点をカバーできるものを探していたんです」。

それが、このイギリス製コンサバトリー。室内と段差なく続くテラコッタの床にテーブルとチェアを置き、読書やお茶、週末の朝食や友人とのランチなど、早朝から夜半まで楽しんでいる。夫は湯上がりにビールを1杯やることも。過ごす時間はリビングよりずっと長い。子どもがすでに独立した菅野さん夫婦にとっては、格好のコミュニケーションの場でもある。「ここに誘えば主人も来るし（笑）、会話も弾みます。温室では楽しい話だけをするよう心がけているんですよ」。

開放感がありながらプライバシーを保てる点は、隣家や道路が密接する日本の住宅事情にぴったりだ。

また逆説的だが、庭よりも温室にいるほうが、季節や天候を敏感に感じ取れるという。パラパラと天井を叩く雨の音、毎日少しずつ変化する日光の角度、細く開けた窓からそっと入り込む夜風…。外と内との中間に位置する温室が一種のフィルターとなり、外の自然を純化して伝えてくれるのだろう。

庭に面したドアを開ければ、途端に壁泉の水音が聞こえる。出て左には、砂利敷きのスペースに木製ベンチ。このベンチに愛犬と腰かけ、温室を見ながら庭仕事をすることも楽しみの一つだ。

眺めるだけの庭ではなく「使える庭」にしたかったという菅野さん。その目的はコンサバトリーを設けたことで、実に幸福な形で実現した。

庭は個性の表現であり、生活の一部でもある。人が庭をつくるのと同様に庭も人をつくる。与えるだけ、与えられるだけではない、双方向の喜びや面白みがそこにはある。

1 円形テラスの中央には多肉植物のセダムをぎっしり植え込む。バードバスがアクセント　2 木製ベンチとテーブルのコーナー　3 コンサバトリーの正面には壁泉　4 プリペットと大きなニューサイランの白い葉が明るく見せる　5 木戸と一体型のパーゴラにはバラ、ロココ

（前頁）リビングの先に取り付けたコンサバトリー。室内と段差なくつながり、テラコッタの床が温かいイメージを生み出す。白い木枠とハチミツ色のレンガで庭にもしっくりとなじんでいる

my Style

ガラス越しの緑を楽しむ

菅野さんはコンサバトリーの壁面につるバラを這わせている。つるを伝わせるために当初は麻ひもを使っていたが、壁面がガラスなので、ひもが目立つ上、雨で腐ってしまうのが難だった。そこでステンレス製の細いワイヤーに変え、横長の長方形をいくつか作った。これに枝を絡ませ、ところどころを麻ひもで結ぶ。「花のない時期でも、バラが伝っているときれいなんです」。内側からも外側からも見栄えがよく、庭の緑にコンサバトリーをいっそう溶け込ませている。

上：天井は割れにくいポリカーボネイト製
下：植物の鉢は、英字新聞を巻いたり木箱に入れたりとおしゃれに演出

右（3点）外光の降り注ぐコンサバトリーにアンティークガラスがよく似合う

菅野さん宅のコンサバトリーを手がけたのは、「ハウスオブポタリー」。英国直輸入のものを使い、庭や住宅のデザイン設計、施工を行う。隣接のショップではアンティーク販売も。
〒248-0031 鎌倉市鎌倉山3-17-27 TEL0467-32-8660 OPEN 10:00～18:00 年中無休
http://www.pottery.co.jp/

お庭で楽しむ
ガーデンランチパーティーを開きませんか？

四季折々の植物とともに、庭でおもてなしをしてみませんか。外の空気が、室内とは違う開放感や楽しさをもたらしてくれるはず。ティーやランチはもちろん、日が暮れたあとキャンドルを灯してのパーティーも趣があります。本書P.68にも登場したケイティー恩田さんに、庭での集まりを素敵に演出するコツを教えていただきました。

ケイティー恩田さん＊おしゃれで心豊かな暮らしを提案するトータルライフコーディネーター。著書に『英国びいき、葉山暮らし』（神奈川新聞社）

1
招きたい人にお知らせを

パーティーを開く楽しみは、まず、どなたをお招きするか思案することから始まります。メンバーの人選はパーティーの雰囲気を決める大切な要素。庭仕事の合間、お茶をいただきながらの心弾むひとときです。

招待のお知らせはときには郵便で。一人ひとりの顔を思い浮かべてカードを選び、ペンをとります。自宅までの略図も同封し、10日ほど前までに投函しましょう。お返事は格式ばらず、メールやFAXでいただいてもよいですね。

2
メニューを考えましょう

ティーパーティーならサンドイッチにお菓子程度でじゅうぶんですが、お食事の場合、お肉やお魚、野菜やフルーツ、パンやご飯もの、そしてデザートと、バラエティに富んだメニュー構成に。自分自身も庭でたっぷり楽しめるよう、いずれもシンプル＆カジュアルが大前提。事前に作っておけるもの、時間がたっても風味が変わらないもの、なおかつ見栄えするもの（これが大事！）をセレクトしましょう。今回はランチなので次のようなメニューに決定です。

MENU

マナーハウスのチキン、
ハーブとオレンジ風味

クリームチーズのサンドイッチ

デビルドエッグ

アップルヨーグルトケーキ

フルーツカクテル

3
前日の準備

食器や花のあしらいも腕の見せ所。今回はグリーンと白でさわやかにまとめました。陽光に映えるガラス器も屋外のテーブルを華やかに彩ってくれるのでおすすめです。そうそう、お料理の段取りも忘れずに。

午後は葉山の「Marelleマレル」へ。ガーデニング関係のほか、アンティーク家具や自然素材の雑貨もある個性的なショップです。どれも店主の片山さんご夫妻が厳選した愛すべきものばかり。「古びたものでも、植物など生きたものと合わせることで良さがよみがえります」との片山さんの言葉が印象的。つい長居してしまいました。

↑マレルについてはP.111も参照!

4
当日の準備

なんて気持ちのよい朝。早速、準備開始です。事前に立てた計画どおりテキパキと! 庭でハーブを摘み取ったり、テーブルに飾る花をアレンジしたりしていると、オーブンのチキンがこんがり焼ける香りが漂ってきました。

（左）ローズマリーにセンテッド・ゼラニウム、ミントにラムズイヤー…、白いトラグいっぱいにハーブを摘みました。朝露に濡れた葉から芳香が立ち上ります

（右）花はすっきりとブルー系と白でアレンジ。お客様の笑顔が頭に浮かびます。1日中みずみずしく元気でいてもらうために、仕上げはスプレーでたっぷり霧を吹いてあげましょう

さあ、ガーデンランチを始めましょう

訪れる人がわかりやすいよう、門には「Garden Party Here!」の手作りプレートとお出迎えのお花。入口もいつもよりちょっぴりおめかしして、歓迎の気持ちを伝えます。

テーブルをセットしたのは、ヤシの大木の葉陰。庭でいちばんお気に入りの場所です。太陽はずいぶん高くなりました。パーティの始まりを告げるかのように、木漏れ日がテーブルの上で踊り、野鳥たちがあちこちで鳴き交わします。

お客様として招かれた場合、主催者から要請がなければ手作り料理は持参しないのがマナー。ガーデンパーティーですからお花もNG。手土産はチョコレートやアイスクリームなど、デザート系がおすすめ。庭でのパーティーは本来カジュアルなものですから、あまりお行儀にこだわらずリラックスして楽しみましょう。

マナーハウスのチキン、ハーブとオレンジ風味

鶏ムネ肉にフレッシュオレンジ、ローズマリー、マーマレードを詰め込んでベークすると、英国カントリーサイドでの至福なディナー気分！

【材料：4,5人前】

皮付き鶏ムネ肉…………3枚
オリーブオイル…………適量
ハーブソルト……………適量
黒コショウ………………適量
オレンジジュース………1/2カップ
オレンジスライス（漬け込み用）…1個分
オレンジバター…………大さじ3
＊バターにオレンジの汁、皮のすりおろし、タイム、塩を好みの量で混ぜたもの
オレンジスライス………6枚
マーマレード……………大さじ6
ローズマリーの葉………ひとつまみ
ウオツカ又はジン………適量

①鶏肉は料理する3時間ほど前に横からナイフを入れ袋状にし、ハーブソルトを中に振り入れたあと、オリーブオイル、ハーブソルト、黒コショウ、オレンジジュース、オレンジスライスを混ぜた中に漬けておく
②鶏肉の袋の中にオレンジバターを入れ、楊枝で口を閉じる
③皮と身の間にオレンジスライスとたっぷりのマーマレード、ちぎったローズマリーを入れ楊枝でとめ、両面にハーブソルトを足しておく
④フライパンにオリーブオイルを入れて熱し、③の皮を下にして焦げ目をつけ、仕上げにウオツカ又はジンを入れてアルコール分を飛ばし、からめる
⑤耐熱皿に④を皮目を上にして入れ、①で漬け込んだ液を上からかけて、予熱しておいた200度のオーブンで20分程焼く
⑥鶏肉を適当な大きさに切り分けて生のオレンジ、ちぎったローズマリーと一緒に盛り付ける
⑦耐熱皿に残ったソースはコーンスターチでからめてグレービーとして添える

ため息のでるほどおいしいピクニックサンドイッチ

クリームチーズをベースにした4色のペースト。お味を想像する楽しさがつまっていてワクワク！

【材料：5,6人前】

10枚切りサンドイッチ用パン…20枚
クリームチーズ…………250グラム
キュウリ（大）…………1本
ゆで卵……………………1個
マヨネーズ………………少々
サラダタマネギ…………1/2個
コーンビーフ……………50グラム
三温糖……………………大さじ1
パセリ……………………少々
トマト……………………1個

①クリームチーズは室温で柔らかくし、4等分にしておく
②キュウリは薄切りにしてハーブソルトをふって揉み、水分をよく絞り1/4量のクリームチーズに混ぜておく
③ゆで卵は細かくつぶして少量のマヨネーズと共に1/4量のクリームチーズと混ぜておく
④サラダタマネギは細かく刻んで水分をとり、三温糖、パセリのみじん切りとほぐしたコーンビーフと共に1/4量のクリームチーズに混ぜておく
⑤トマトは種を取ってから皮ごと刻み、水分をよく絞り1/4量のクリームチーズに混ぜておく
⑥サンドイッチパン5枚の間にそれぞれのペーストを塗り、合わせてリネンで包み落ちつかせておく

❼⑥のサンドイッチを2センチほどの厚さに切り、4色のペースト断面が見えるように盛り付ける

＊サンドイッチは乾くと美味しさが半減するのでパセリを添えてラップし、サーブする寸前までしっとり感を保つようにする

デビルドエッグ

デビルドとは辛子をきかせたという意味。ピクルスを入れてスイート＆サワーなのがケイティー流！

卵…………………………6個
レリッシュ
（刻みピクルスの瓶詰め）…大さじ2
玉葱みじん切り…………少々
マヨネーズ………………適量

❶卵をゆでる
❷横半分に切り、黄身と白身をわける
❸黄身をさっとつぶし、刻みピクルス、玉葱、マヨネーズであえる
❹③を②の白身に絞りもどし、冷やす。仕上げにパプリカを振る

ピクニックが大好きなフルーツカクテル

アウトドアでのお食事にはビタミンたっぷりで、すっきりさわやかなフルーツを忘れずに！

【材料：5,6人分】

オレンジ…………………2個
リンゴ……………………1個
ドライプラム……………5個
バナナ……………………1本
パイナップル、ブルーベリー、イチゴ、キウイなど　お好みのフルーツ………………適量
洋ナシ（缶詰）……………1缶（425グラムほど）
水…………………………1カップ
砂糖………………………1/2カップ
ラム酒……………………大さじ3
レモン汁…………………1/2個分

❶鍋に分量の砂糖、水を入れ2,3分煮てから火を止めてさます
❷①にラム酒、レモン汁と洋ナシの缶詰のシロップを加えておく
❸洋ナシ、オレンジ、リンゴ、バナナなどのフルーツを形良く切る（リンゴの皮は半量はつけたままにすると彩りがいい）
❹プラムを半分に切り、すべてを一緒にしてシロップであえる
❺パンチボールなどに盛り、ミントやレモンの薄切りを散らす

甘酸っぱいアップルヨーグルトケーキ

一瞬チーズケーキかと思ってしまうほどしっとり、きっちりと出来上がるヨーグルト＆レモン味のアップルケーキ

【材料：24センチ丸型】

小麦粉……………………1カップ
三温糖……………………1カップ弱
無糖ヨーグルト…………1カップ
卵…………………………2個
リンゴ……………………2個
レモン汁、皮……………1/2―1個
ベーキングパウダー……小さじ1
サラダオイル……………1/2カップ

❶リンゴは皮をむき、芯を取り薄切りにし、レモン汁をかけておく
❷ボールに小麦粉、三温糖、ヨーグルト、卵、ベーキングパウダー、サラダオイルを入れてよく混ぜ①のレモン汁も入れて混ぜる
❸レモンの皮適量をよく洗い、細かく刻んで②に混ぜる
❹焼き型にオイルを薄く塗り、③を半分入れ、①を並べ、残りを入れる
❺180度のオーブンで25-30分焼き、粗熱をとってよく冷やす

＊このレシピ集での1カップは欧米使用240ccです。

神奈川でガーデニングを満喫しよう!

温暖で過ごしやすい気候と言われる神奈川県。
ガーデニングを楽しむ上で、注意することはあるでしょうか？
神奈川のガーデニング事情を含め、園芸研究家の鷲澤孝美さんにお聞きました。

鷲澤孝美さん＊本書P.36にも登場。グリーンアドバイザーとして活躍中です。
監修『鉢花づくり120種』（成美堂出版）、など著書多数。

Q 神奈川県の気候・風土を好む植物はありますか。

A：温暖な気候の神奈川は、海あり山ありで、本州で育つほとんどの植物は育ち、特に神奈川でなければ育たない植物は、ないと思います。また地球温暖化の影響で、以前は耐寒性がなく冬越しに苦労した植物（例えばランタナ、ルリマツリ）が、花壇や軒下でも育つようになり、逆に冷涼な気候を好むラベンダーなどは夏に元気がありません。梅雨や真夏の間は、地植えにせず鉢植えで、雨が当たらない風通しのよい明るい半日陰で育てます。

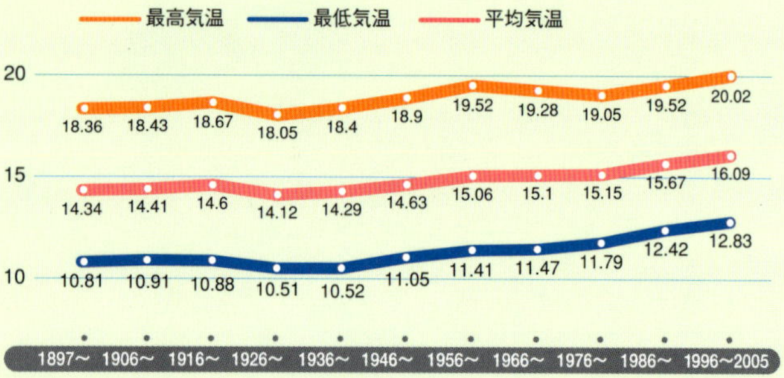

年平均で見る10年ごとの横浜の気温変化。約110年の間で、各平均値がおよそ2℃高くなっている（横浜地方気象台のデータをもとに作成）

Q 初心者でも育てやすい草花はありますか。

A：丈夫で育てる手間がかからず長く楽しめる草花は多いので、何をお薦めするか迷います。園芸店で花苗を選び、まず一鉢の草花を育ててみましょう。一番たくさん並んでいるのがその時期の花なので、長く楽しめます。好きな花色で根元がぐらつかず、葉とつぼみが多くがっしりした苗を選びましょう。葉の裏表を見て、病気や虫の有無もチェックします。

☆初夏の花で壁掛けタイプのハンギングバスケットに挑戦！

一年草：ペチュニア
多年草：ブラキカム、アメリカンブルー、パイナップルミント
木本：アイビー

ポイント：デザインをしっかり決めてから植え込みます。這性のアイビーは下に、大きな株のペチュニアは真ん中に、動きのあるアメリカンブルーは側面に、草丈・花色などのバランスをよく見て、ポットのまま並べてデザインします。

長く楽しむには水やり、追肥、花がら摘みを忘れずに。

☆秋には草花と球根の寄せ植えにチャレンジ！

草花の苗と一緒に球根を鉢に植え込むと、秋から翌春まで長い間楽しめます。丈夫で育てやすく花色の豊富な一年草のパンジー、ビオラなどと、秋植え球根類のチューリップ、スイセン、ムスカリなどはいかがでしょうか。

ポイント：チューリップの根が伸びるので、深めの鉢（高さ15cm以上）を選び、球根は間をあけずに並べ、尖った頭の先が隠れるくらいに浅く土をかけます。

一年草のビオラ、スイートアリッサム、多年草のシロタエギク、球根はチューリップ、ムスカリ、ガーデンシクラメン

Q 草花をタネから育てたいのですが、スペースもいらずあまり手間がかからない方法はありますか。

A：園芸店では手に入らない珍しい花苗が欲しい、同じ種類の苗が沢山必要だ、という時には、タネから苗を育てます。日々、苗の生長するプロセスが楽しめ、花が咲く喜びはひとしおです。

一年草のタネまきの時期は、春と秋です。春にタネをまくと夏から秋にかけて開花し、秋にタネをまくと小さな苗で冬を越し春に花が咲きます。春まき、秋まきとも発芽するためには適温が必要です。

春は、サクラの開花が目安になります。ソメイヨシノが咲き始める頃からアスター、アゲラータム、ペチュニア、マリーゴールドなどがまけます。もっと高温で発芽するアサガオ、インパチエンス、コリウスなどはヤエザクラが咲く頃にまきます。

秋は、ススキの穂が出て、ヒガンバナが咲く頃からまき始めます。アグロステンマ、パンジー、ビオラ、ビスカリア、ネモフィラなどがあります。秋の苗育ては、日ごとに寒くなるので時期を逃さないようにします。

☆手間いらずのタネまき

①丈夫で育てやすく花期も長いマリーゴールドを、タネから育てましょう。個性的な黄色に濃茶のストライプの“ミスターマジェスティック”をまきます。

マリーゴールド"ミスターマジェスティック"

②用土は清潔な播種専用の土。容器は、そのまま花壇に植えられるジーフィーポット（ピートモスを圧縮成形した鉢）。

③ポットに7分目ほど土を入れ、トレーに並べ、ポットの底から吸水するようにトレーに水を入れます。吸水したポットは、色が変わり、土が湿ってきます。

ジーフィーポット

④1ポットに5、6粒のタネをまき、上に土を薄くかけます。

⑤雨が当たらず半日陰で虫がこない高い場所に置き、ポットが乾いていたらトレーに水を注ぎます。

⑥１週間ほどで発芽するので、日なたに移し水切れに注意します。苗が込み合ってきたら弱い苗を抜き、最終的には１ポット１本にします。苗が沢山欲しい時は、抜いた苗も育てます。

⑦肥料は、発芽後3週間くらいから大豆大の化成肥料を3粒ほどポットのふちに埋め込み、ハイポネックス1000倍液肥を10日に1度与えます。

⑧ポットの底から根が出てきたら、花壇や鉢に定植します。その時、根を傷めないように、ポットの底を少々破って植え付けます。ポットは土にかえります。

鷲澤さんの庭は苗床でいっぱい

Q 花壇やプランターに直接タネをまける草花はありますか。

A：生育旺盛なコスモスやヒマワリなどは、日当たり、水はけのよい場所に直接まけます。害虫に注意し、混み合わないように苗を間引いて、がっしりした丈夫な苗に育てます。

Q 神奈川でオープンガーデンを楽しむには？

A：東京・宮城県などでは、オープンガーデンを行っているグループがありますが、残念ながら神奈川県ではそのような組織はありません。ただし、お店を兼ねている庭なら見せてもらえるでしょうし、各種の植物愛好家グループに入ると、会員同士で庭を訪問し合うこともできます。私もいくつかの会に入っていますが、お互いに招いたり、招かれたりして楽しく過ごしています。

＜植物愛好家グループのご紹介＞

●グリーンアドバイザー神奈川（GA神奈川）

グリーンアドバイザー（GA）は、ガーデニングを楽しみたい人達へ、植物の育て方、楽しみ方など的確な指導・助言・情報を提供する専門家。フラワーセンター「大船植物園」でのフェスティバル・講演会など、一般参加型のイベントを多数開催しています。GAの資格をとると入会できますが、会員でなくとも、これらのイベントには自由に参加できます。

〒224-0041 横浜市都筑区仲町台2-7-1
㈱サカタのタネ内GA神奈川事務所
TEL 045-945-8840・FAX 045-945-8841

●英国王立園芸協会日本支部（RHSJ）

新しい花文化を創造しようと、1987年に設立された園芸愛好家のための協会です。本部は英国にあり、植物を愛する人なら、だれでも会員になることができます。入会のお問い合わせは以下へ。

〒170-6038 東京都豊島区東池袋3-1-1 サンシャイン60 38階
英国王立園芸協会日本支部 事務局パンフレット係
TEL 03-3984-9690・FAX 03-3590-3783
E-Mail : rhsj3@mint.ocn.ne.jp

※オープンガーデンを訪問する際、マナーを守ることも大事。公開日以外に庭に入らない、むやみに種や苗を欲しがらない、かかとの高い靴は避ける、お庭の批判をしない、無断で写真を撮らない、など。お互いに楽しい時間が過ごせるよう心配りを！

Q オープンガーデンをしたいと思いますが、何かアドバイスがありますか。

A：私の友人のMさんは、個人的にオープンガーデンを始めて8年目になります。Mさんの庭は、駅から数十分の静かな住宅街にあります。南が道路で日当たりのよい30坪あまりのこじんまりとした庭です。つるバラと山野草系の小花が植えられ、特にクリスマスローズは沢山の種類があります。Mさんのお話をまとめてみました。

最初は花が咲くと嬉しくて、園芸仲間をお呼びしていたのですが、もっと多くの方にも植物を育てる楽しさや緑の大切さを知っていただきたいと、オープンガーデンを始めました。4月半ばから5月中旬まで4～5回、11～2時までの3時間、庭を公開しています。平均すると1日50人位の方がいらっしゃいます。門に開催日時を張り出して告知しています。また当日、来年のお知らせが欲しい方にはノートに名前を書いてもらい、日程が決まり次第はがきを出しています。

たくさんの方とお話しできて楽しいですし、緑の輪が広がっていることを実感できます。お金はいただきませんが、クッキーと小さい紙コップ１杯のハーブティーをお出ししています。トイレは、近くの公共施設をご案内し、庭のみの公開です。今までで困ったことはあまりありません。

お客様と植物のお話がはずみ、庭の植栽の見直しやお掃除を真剣にするよいチャンスになります。これからオープンガーデンをなさる方は、無理をせず自分のペースでされたらよいと思います。

Mさんのお話から、私もまず友人や知人をお招きして、こじんまりとオープンガーデンをしてみようかしらと思いました。みなさんもいかがでしょうか。

Q 園芸好きな仲間と一緒にガーデニングを楽しみたいのですが、どこかよい所があるでしょうか。

A：あなたの住んでいる地域の公園やみどりの協会に、問い合わせて下さい。最近各地の公園では、散歩や講習会への参加だけでなく、地域の方たちにもっと積極的に公園を利用してもらおうという動きが増えました。

たとえば相模原市立麻溝公園では、2005年春に広報で園内の見本花壇製作と、管理運営のための市民ボランティアを募集しました。サポート役は、グリーンアドバイザー神奈川（GA神奈川）のメンバーです。13名の応募者は、見本園スタッフとして月1度、2時間の活動をします。話し合いで、宿根草を中心にした里山風花壇を作ることになり、皆で選んだ植物を基に花壇の平面図を作りました。植物の植え込みは、2回に分けて行いました。花壇は十分に掘り起こされ、堆肥がすきこまれふんわりしたよい土になっています。

GA神奈川のメンバーのアドバイスで、将来の株の広がりや草丈・葉色・花色・バランスなどを考えて植物を植えていきます。青空のもと土と植物に触れるのは気持ちがよく、そこここで歓声が上がり楽しい雰囲気です。

その後、雑草取り・花がら摘み・剪定・植え替えなど月1度の定期作業の他、見本園スタッフは、好きな時に訪れ花壇の手入れを行います。定期の手入れの後には、GA神奈川のメンバーを中心に、寄せ植え・名札作り・腐葉土つくり・ハーブのお茶会なども開かれます。麻溝公園の場合は、勉強会つきのガーデニングボランティアとも言えるでしょう。

麻溝公園でのボランティア活動

みなさんも自分の地域でお仲間と一緒にガーデニングを楽しみませんか。

神奈川県内おすすめのガーデンショップ

**本書で紹介した庭主さんへのアンケートから、
えりすぐりのお店を紹介！**

◎サカタのタネ　ガーデンセンター横浜

オリジナル品種を中心に、シーズンに合わせた苗、種、球根など豊富な品揃え。園芸アドバイザーの豊富な知識が頼りになる。

横浜市神奈川区桐畑2　TEL 045-321-3744

OPEN：10時～　3～5月、12月は無休、その他は水曜定休　P150台

http://www.sakataseed.co.jp/

※東横線反町駅、または京急線神奈川駅より徒歩5分

◎ゆいのはな

生産直売型の園芸店。その場で寄せ植えの注文にも応える。自家受粉したフリンジのあるシクラメンなど珍しい花苗も。

藤沢市善行6-1-1　TEL 0466-84-1187

OPEN：9時半～18時　月曜定休　P10台

※小田急線善行駅より徒歩3分

◎マレル　Marelle

2006年9月オープン。鉢植えのほかセンスのいい雑貨やガーデニンググッズ、アンティーク家具などを揃える。植物は葉物やハーブ類が多い。

三浦郡葉山町一色426　TEL 0468-75-5798

OPEN：11時～18時　土曜・第3日曜定休　Pあり

※逗子駅より京浜急行バス「衣笠駅」「湘南国際村」行き、「一色住宅」下車すぐ

◎ザ・ガーデン　ヨネヤマプランテイション

花壇苗をはじめ、ハーブの種類が豊富。ネットショップも充実。

本店／横浜市港北区新羽町2582　TEL 045-541-4187

OPEN：9時～19時　元日のみ休み　P150台

※横浜市営地下鉄新羽駅より徒歩3分

港北NT店／横浜市都筑区茅ヶ崎南2-1-1　TEL 045-942-5050

OPEN：10時～20時　元日のみ休み　P100台

※市営地下鉄仲町台駅より徒歩7分

http://www.yoneyama-pt.co.jp/thegarden/

◎ワンダーデコール　イングリッシュ・コテージ

アンティーク風のオーナメントを中心に、おしゃれでセンスのよい品揃え。オリジナルのイヤープレートを集めるファンも。

横浜市青葉区鉄町746　TEL 045-973-0208

OPEN：10時半～18時　水曜定休　Pあり

http://www.wonderdecor.co.jp

※東急田園都市線市が尾駅より、8・9番乗り場のバスで「中里学園入口」下車

◎マリポサ　相模原店

イギリスのウィッチフォードの鉢など、輸入ものの園芸グッズが豊富。他では見られないセンスのよさが光る。

相模原市古淵3-13-31　TEL 042-755-3829

OPEN：10時～19時　1・2月は18時閉店　不定火曜休　Pあり

http://www.mariposa.co.jp/

※JR横浜線古淵駅より徒歩約5分

写真提供協力

飯田瑛子・遠藤　昭・大堀輝美
小山貴子・宮本千鶴子・妻鹿みゆき
鷲澤孝美

Staff

編集（新聞掲載時）　髙田久美子（神奈川新聞社編集局文化部）
企画・編集　下野　綾（神奈川新聞社営業局出版部）
ライター　北川原美乃
撮影　大社優子（duco）・渡辺和宏（STUDIO KAZZ）
植栽図デザイン　インフォグラム
ブックデザイン　篠田　貴（クリエイティブ・コム）

私のガーデンスタイル　神奈川の素敵な庭巡り

2007年5月1日　初版発行

編——神奈川新聞社出版部
発行—神奈川新聞社
〒231-8445　横浜市中区太田町2−23
電話　045−227−0850（出版部）

ISBN978-4-87645-401-3　C0076
Printed in Japan

定価は表紙カバーに表示してあります。
落丁本・乱丁本はお手数ですが、小社宛お送りください。
送料小社負担にてお取り替えいたします。